♦ 글 **남영**

한양대학교 창의융합교육원 교수로 재직하면서, 과학기술의 역사와 과학 커뮤니케이션에 대한 책을 쓰며
교육 활동에 종사하고 있습니다. 컴퓨터 프로그래머로 20대를 살다가, 30대에 과학기술의 역사를
공부하기 시작한 독특한 이력을 가지고 있습니다.
본인이 개발한 교과목 〈혁신과 잡종의 과학사〉, 〈과학자의 리더십〉 등을 강의하며
2022년도에는 한양대학교 저명 강의 교수로 선정된 바 있습니다.
과학 대중화와 과학 교양도서를 집필하는 데 많은 관심을 가지고, 자신의 수업을 책으로 옮기는 작업을
차례로 진행해 《태양을 멈춘 사람들》, 《젊은 과학도를 위한 한줄 질문》(전 2권),
《휘어진 시대》(전 3권), 《청소년을 위한 과학혁명》 등을 집필했습니다.
《휘어진 시대》로 2023년 제6회 샤롯데 한국출판문화대상에서 대상을 받았습니다.

♦ 글 **최향숙**

역사와 문화, 철학 등 인문 분야에 관한 책 읽기와 재미있는 상상하기를 즐겨하다, 어린이 책을 기획하고
쓰기 시작했습니다. 아들을 키우면서 수학과 과학에 관심을 두기 시작했고, 아들이 영재학교에 진학하면서
덩달아 첨단 과학과 미래 사회에 흥미를 갖게 되었습니다. 그리고 10년 뒤, 50년 뒤, 300년 뒤의
사람과 사회를 공부하고 생각하다, 《넥스트 레벨》 시리즈를 기획하고 집필하게 되었습니다.
지금까지 기획하고 쓴 책으로는 《수수께끼보다 재미있는 100대 호기심》, 《우글와글 미생물을 찾아봐》,
《아침부터 저녁까지 과학은 바빠》, 《엉뚱하지만 과학입니다》 시리즈 등이 있습니다.

♦ 그림 **젠틀멜로우**

우리 주변에서 흔히 볼 수 있는 자연과 사물에 감정을 담아서 생각을 그림으로 표현하는 작업을
해 오고 있습니다. 동화책뿐 아니라 전시, 패키지, 책 표지, 포스터, 삽화 등 다양한 분야에서 활동합니다.
지금까지 그린 책으로는 《Ah! Art Once》, 《Ah! Physics Electrons GO GO GO!》,
《열세 살 말 공부》, 《엉뚱하지만 과학입니다 7 나만 몰랐던 코딱지의 정체》, 《색 모으는 비비》,
국립제주박물관 어린이박물관 도록 《안녕, 제주!》 등이 있습니다.

넥스트 레벨 과학혁명과 현대과학

남영·최향숙 글 | 젠틀멜로우 그림

이 책의 제목인 '넥스트 레벨'이 뭐냐고? '비교 불가능한, 이전보다 더 나은, 보다 발전한……' 이런 뜻이야! 한마디로 한 수 위라는 거지! 이 책의 주인공인 '나'와 함께 3개의 Level을 Clear하고, 과학혁명과 현대과학 분야의 넥스트 레벨이 되어 보자!

Level 3

원자는 어떻게 생겼는지? 양자 역학은 뭔지?

양자

원자, 전자, 양자 등등 우리 눈으로는 볼 수 없는 아주 작은 존재들과 그 존재들의 운동 방식을 알아볼 거야. 이를 통해 양자 역학이라는 물리학의 한 분야를 알게 되고, 그 물리학이 오늘날의 문명을 이루는 거의 모든 요소를 관통하고 있음을 깨닫게 될 거야.

Next Level

양자혁명이 뭔지? 양자 역학으로 인해 촉발된 철학적 문제는 무엇인지?

양자 컴퓨터, 양자 정보 통신 등으로 대표되는 양자혁명에 대해 살펴보자. 그리고 양자 역학에 대한 아인슈타인의 입장과 그것이 내포하는 의미는 무엇인지, 그 진실을 알아보자.

진실

차례

이 책을 보는 법 ··· 4

프롤로그 결국 '과학'은 힘이 세다! ····································· 8

Level 1   과학혁명과 현대

다큐툰 세계로 뻗어 나간 유럽의 근대 문명 ···················· 12

Check it up 1. 역사
근대 유럽 문명의 탄생과 과학혁명 ·································· 22

Check it up 2. 상식
산업혁명과 근대화 ·· 32

Check it up 3. 인물
제임스 클러크 맥스웰 ··· 39

Level 2   상대성 이론과 우주

다큐툰 누구의 주장이 옳을까 ··· 46

Check it up 1. 물리
아인슈타인과 상대성 이론 ·· 54

Check it up 2. 천문학
상대성 이론이 예측한 우주 ·· 64

Check it up 3. 윤리
$E=mc^2$과 평화 운동 ·· 72

Level 3 　원자와 양자 역학

다큐툰 모든 것은 원자로 이루어졌다! ·· 80

Check it up 1. 물리학
원자는 어떻게 생겼을까? ·· 85

Check it up 2. 인물
양자 역학의 아버지, 닐스 보어 ·· 94

Check it up 3. 기술
양자 역학과 반도체 ·· 105

Next Level 　거인들이 남긴 유산

다큐툰 솔베이 회의 ··· 114

Check it up 1. 기술
양자혁명과 양자 컴퓨터 ·· 120

Check it up 2. 인물
알베르트 아인슈타인 ·· 130

Check it up 3. 철학
거인의 어깨 ··· 136

Another Round 우리는 Next Level! ·· 141

> 프롤로그

결국 '과학'은 힘이 세다!

우리는 자동차나 비행기 같은 교통수단, 컴퓨터 같은
정보 처리 수단을 가지고 남들과 빠르게 소통하며 아주 먼 곳까지
자유롭게 왕래하고 있습니다. GPS는 우리가 지구상 어디에 있는지
정확히 알려 주고, 일기예보는 태풍이 언제쯤 어떤 위력으로
우리가 사는 곳을 지나게 될지도 상세히 가르쳐 주고 있지요.
인터넷과 휴대 전화가 당연하게 느껴지고 지구 반대편의 소식도
즉시 알 수 있습니다. 이런 것들은 도대체 어떻게 가능해졌을까요?
우리가 새롭게 얻은 모든 과학 지식과 기술들은 수백 년 전
유럽에서 발생한 과학혁명에서 시작되었다고 볼 수 있습니다.
과학혁명은 이후 진행된 끝없는 새로운 발견들의 출발점이
되었습니다. 현대에 이르러서는 원자 물리학, 상대성 이론,
양자 역학으로 이어졌고, 이는 전자 공학, 정보 통신 등
수많은 현대 기술의 원천이 되었지요.
 이후 과학은 우리를 둘러싼 수많은 것을 만들어 냈습니다.
바로 《넥스트 레벨》 시리즈에서 다룬 메타버스, 우주 탐사,
자율주행, 로봇, 뇌과학과 인공지능에 이르기까지

최신 기술들로 편리함과 안전함을 제공했고,
대우주와 소립자의 세계로 우리의 시야를 넓혀 줬습니다.
한편으로 기후위기, 환경 오염, 가짜 뉴스, 핵전쟁의 공포 역시
과학혁명의 결과입니다.
앞으로 어떻게 살아가야 할지에 대한 답을 과학이
모두 알려 줄 수 없지만, 과학을 알지 못하고 나의 미래를
설계할 수 없는 것만은 분명합니다.
현대과학은 편리하지만 때로는 두려운 것이고,
그래서 우리는 더욱더 큰 책임감을 가지고 살아야 하는 시대가
되었습니다. 과학을 바로 알아야 우리는 우리의 책임을 다하고
이 시기를 헤쳐 나갈 방법과 힘도 함께 얻을 수 있을 것입니다.
이 책은 바로 과학혁명으로부터 시작해 현대과학과 최첨단
기술까지의 흥미진진한 역사적 여정을 그리고 있습니다.
이 책이 과학의 역사에 도도히 흐르고 있는 과학 정신의 정수를
느껴 보고, 더 자세한 과학의 이야기로 접근해 볼 수 있는
통로가 되었으면 좋겠습니다.

16~17세기를 보통 과학혁명의 시기라고 해.
그런데 과학혁명은 뭐고 어떤 의미를 가질까?
이 장에서는 15~16세기 유럽에서 시작된 문예 부흥 운동,
즉 르네상스 시대부터 시작된 과학혁명의 역사를 살펴볼 거야.
갈릴레오 갈릴레이, 아이작 뉴턴과 같은 과학자들이
어떻게 과학혁명을 이끌었는지
과학혁명의 결과로 세상이 어떻게 변했는지도 알아볼 거야.
그러다 보면 현대과학의 출발점에 서게 될 거야.

Level 1

과학혁명과 현대

세계로 뻗어 나간 유럽의 근대 문명

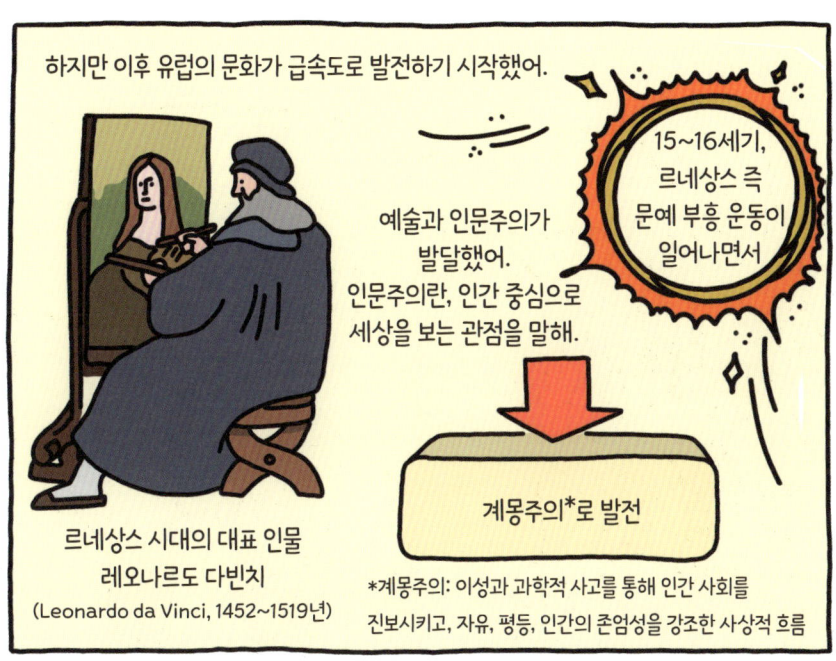

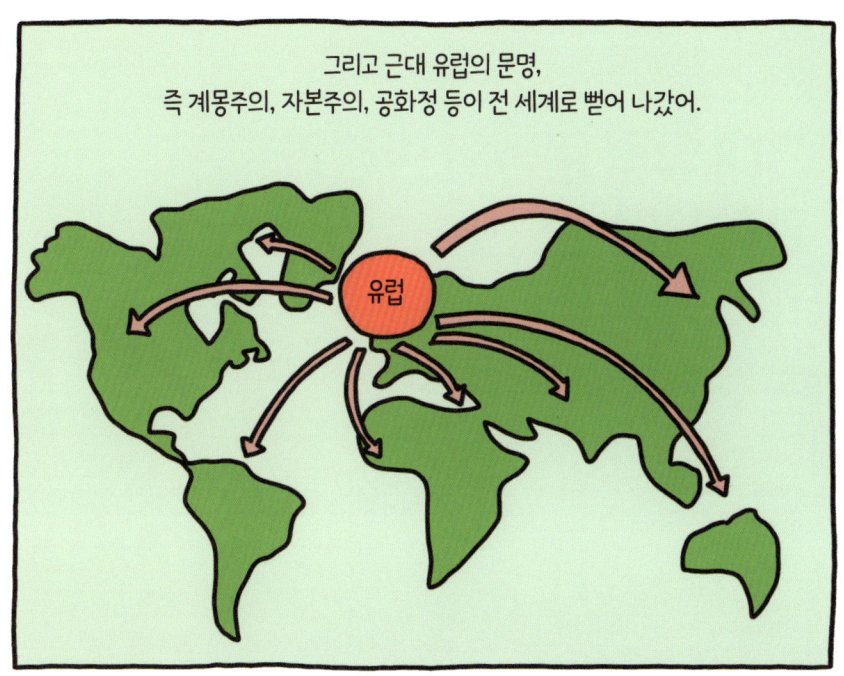

> Check it up 1 　역사

근대 유럽 문명의 탄생과 과학혁명

인류의 역사는 크게 선사 시대와 역사 시대로 나눠.

선사 시대는 역사가 기록되기 이전 시대로, 주로 석기 시대야.

역사 시대는 청동기 시대 이후라고 할 수 있는데

고대, 중세, 근대, 현대로 구분돼.

역사 시대 시작 (문명 탄생) 기원전 4500년경	서로마 제국 멸망 476년	동로마 제국 멸망 1453년	제1차 세계 대전 발발 1914년
고대 BC ┊ AD	중세	근대	현대

고대는 한마디로 노예제 사회야.
메소포타미아, 이집트, 중국, 인도 등의 4대 문명과
서양 문화의 뿌리인 그리스·로마 제국이 번성했던 시대지.
로마 제국은 395년, 동로마와 서로마로 분열되었는데
오늘날 이탈리아를 중심으로 한 서로마 제국이 멸망한
5세기 이후 유럽에서는 봉건제가 성립돼.
왕과 영주, 기사, 농노로 신분이 나뉜 신분제 사회가 된 거야.
이 시대가 중세야. 유럽 중세의 또 하나의 특징은
'기독교(가톨릭) 중심' 사회였다는 거야.
중세 시대, 고대 그리스·로마의 문화는 동로마 제국을 통해 이어졌어.
그런데 1453년, 동로마 제국이 이슬람 세력에 의해 멸망하면서
고대 그리스·로마의 책과 예술품이 서유럽으로 밀물처럼
흘러들었어.
동로마 제국의 학자 등 많은 이가
이슬람 세력을 피해 서유럽으로 이주하면서 갖고 들어온 거야.
덕분에 새로운 문화 현상이 일어났어.
고대 그리스·로마의 문예를 부흥시키려는 운동이었지.
이 현상이 바로 문예 부흥 운동, 즉 르네상스Renaissance야.
이때부터 유럽에서는 근대가 시작돼!

고대 그리스·로마 문명은 한마디로 '인간 중심'이었어.
르네상스 시대에는 이런 인간 중심의 맥락이 예술과 문화뿐만
아니라 사상적, 철학적 흐름으로도 발전했어.
인간의 존엄성과 자유를 존중하고
인간 사회를 더 진보시키고자 하는 **계몽주의**가 등장한 거야.
인간의 경험과 이성을 통해
더 나은 사회를 만드는 것을 목표로 하는 계몽주의는
사람을 '진리를 깨달아 알아갈 수 있는 존재'라고 확신했어.
그런데 이들은 무엇을 깨닫고 알아야 한다고 생각했을까?

그건 바로 나와 나를 둘러싼 세계야.

중세 시대 사람들은 나와 나를 둘러싼 세계에 대해서는 알려고
노력하지 않았어.
모든 게 하나님의 뜻이라는 교회의 가르침을 그저 따라야 했지.
하지만 근대로 들어오면서 교회의 말이 맞는지,
자신의 이성과 경험을 통해 깨닫고자 하는 이들이 등장했어.

대표적인 사람이 **갈릴레오 갈릴레이**Galileo Galilei, 1564~1642년야.

당시 사회를 지배하던 교회와 성직자들은 '**천동설**'을 믿었어.

그들은 우주의 중심은 지구이고,

지구를 중심으로 모든 별이 돌고 있다고 주장했지.

그런데 갈릴레이보다 100년 정도 앞선 사람인

니콜라스 코페르니쿠스 Nicolaus Copernicus, 1473~1543년는 지구가 태양 주위를

돈다는 '**지동설**'을 주장했어.

갈릴레이는 자신이 개발한 망원경으로 우주를 관측했는데,

몇 가지 새로운 사실을 알게 됐어.

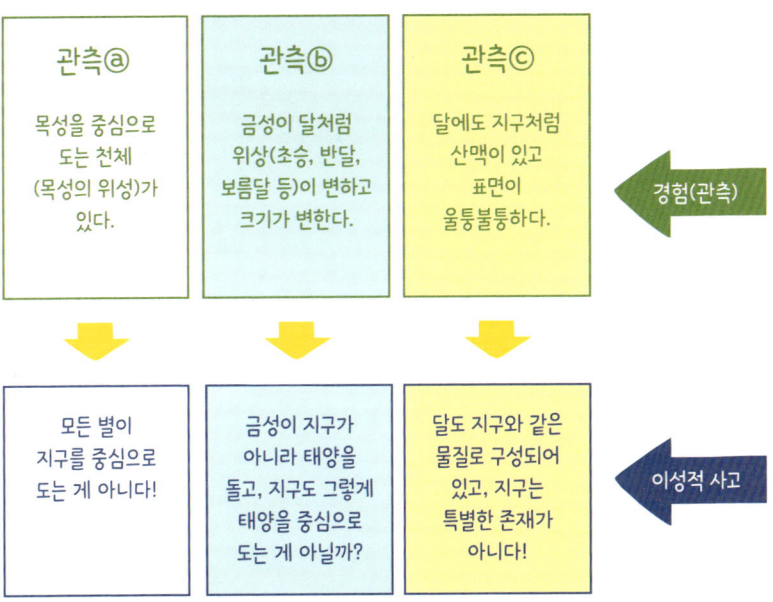

갈릴레이는 지동설이 옳다고 확신했어.

그러자 천동설을 지지하는 교회는 갈릴레이를 종교 재판에 넘기고 지동설을 거둬들이라고 압박했어.

갈릴레이는 크나큰 어려움을 겪었어.

그래도 그는 이성과 관측을 통해 진리를 탐구해야 한다고 믿었어.

그즈음 독일에서는 **요하네스 케플러**Johannes Kepler, 1571~1630년가 자신의 스승인 티코 브라헤Tycho Brahe, 1546-1601년의 방대한 관측 자료를 물려받아, 행성의 운동을 연구하고 있었어. 케플러는 이를 바탕으로 **행성 운동의 3가지 법칙**을 찾아냈지.

행성 운동의 3가지 법칙

타원 궤도의 법칙
행성은 태양을 초점으로 하는 타원 궤도를 따라 움직인다.

면적 속도의 법칙
행성이 태양에 가까울수록 더 빠르게 이동한다.

조화의 법칙
행성의 공전 주기의 제곱은 궤도 장반경의 세제곱에 비례한다.

갈릴레이가 관측을 통해 지동설을 뒷받침했다면,

케플러는 수학적으로 이를 입증해 나가기 시작한 거야.

그러자 '천문학'이 본격적으로 발전하기 시작했어.

천문학의 발전은 자연히 '힘'에 대한 관심으로 이어졌어.

행성을 움직이게 하는 힘,

행성의 속도를 빠르거나 느리게 하는 힘,

수많은 별들이 우주에서 조화롭게 존재할 수 있는 힘,

그 힘의 정체를 찾으려 한 거야.

아이작 뉴턴 Isaac Newton, 1643~1727년이 그 일을 해냈어.

뉴턴은 모든 물체에는 서로 끌어당기는 힘이 작용한다는

만유인력의 법칙으로 행성들이 움직이는 힘을 설명했어.

예를 들면 태양에 가까워질수록 행성이 빨리 움직이는 건

가까워지면 서로 끌어당기는 힘이 강해져 속도도 빨라지는 거지.

지구 위에서 움직이는 물체의 운동 역시

이와 같은 원리가 작용했어!

우주와 지구에 동일한 물리 법칙이 작용하는 거야.

이러한 연구는 물리학의 발전으로 이어져,

뉴턴은 '3개의 운동 법칙'을 제시했어.

뉴턴의 운동 법칙

관성의 법칙 (제1법칙)
정지해 있거나 일정 속도로 움직이는 물체는 외부 힘이 가해지지 않는 한 그 상태를 유지한다.

가속도의 법칙 (제2법칙)
물체의 가속도는 작용하는 힘에 비례하고, 질량에 반비례한다.

작용-반작용의 법칙 (제3법칙)
모든 작용에는 크기가 같고 방향이 반대인 반작용이 있다.

뉴턴은 만유인력과 운동 법칙을 정확하게 다룰 수 있는 수학적 도구도 발명했어. 이를 '미적분학'이라고 해. 더불어 뉴턴은 자연 현상을 수학적 법칙으로 설명하는 과학적 방법론을 제시했어.

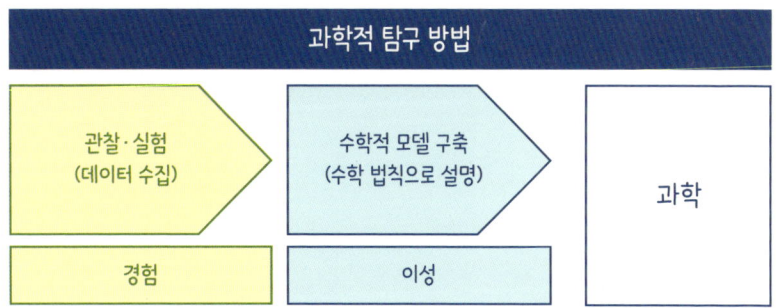

많은 사람이 이러한 방식을 따랐어.

뉴턴의 과학적 방법론을 적용해 주변을 탐구하기 시작한 거야.

그러자 과학이 크게 발전하기 시작했어.

그리고 **과학의 발전은 당시 필요한 기술 발전의 밑거름**이 되었어.

예를 들어 천문학의 발전은 항해술의 발전에 큰 역할을 했어.

당시는 '**대항해 시대**'였어.

아프리카 남단을 돌아 인도로 가는 바닷길을 찾고,

대서양을 가로질러 아메리카 대륙을 발견하고,

태평양을 건너 유럽으로 돌아오는 바닷길을

서로 개척하고 장악하려고 유럽의 여러 나라가 경쟁했지.

그런데 천문학이 발달하자

항해 중에 별과 태양의 위치를 관측해서

자신의 위치를 알아내기 쉬워졌어.

망망대해에서도 길을 찾기가 한결 수월해졌지.

항해자들은 두려움 없이 바다로 나아갔어.

그 덕에 더 많은 바닷길을 개척하고,

그 바닷길로 물자가 유통되어 상업이 크게 발전했지.

기술의 발전이 과학의 발전을 일으키기도 했어.

대표적인 게 현미경이야.

현미경은 1590년 경 발명되었어.

이후 **로버트 훅** Robert Hooke, 1635~1703년이 이를 개량해 '세포'를 발견했어.

이는 **'생물학' 발전**으로 이어졌지.

정밀한 저울, 성능 좋은 증류 장치를 만들 수 있는 기술 덕에

화학 반응을 정확하게 측정하고 분석할 수도 있게 됐어.

이는 **'화학' 발전**의 토대가 됐어.

이처럼 르네상스 이후 약 200년 동안

갈릴레오 갈릴레이, 아이작 뉴턴과 같은 과학자들을 통해

과학이 발전하고 과학적 탐구 방법이 정립됐어.

과학의 발전은 기술의 발전을 가져오고

기술의 발전은 다시 과학의 발전을 이끌었지.

16~17세기, 유럽에서는 여러 분야들에 걸쳐 과학에

급격한 변화가 일어났어.

오늘날과 같은 물리학, 화학, 생물학, 기상학 등이 이때 탄생했어.

운동 에너지, 위치 에너지 등 에너지의 변환 원리,

온도와 압력에 따른 기체 부피의 변화,

세포와 다양한 미생물의 발견 등등이 이루어졌지.

이런 일련의 역사적 사건을 '과학혁명'이라고 해.

이 과학혁명이 바로 근대 유럽 문명을 전 세계에 퍼뜨리는

강력한 무기가 돼.

> Check it up 2 　상식

산업혁명과 근대화

신대륙의 발견으로 아메리카의 막대한 은이 유럽으로 유입되자
유럽에서는 ==상업이 빠르게 발전==했어.
상업은 ==공업의 발달==로 이어졌어.
뭔가를 팔려면 뭔가를 만들어야 하니까!
가장 먼저 발달한 공업은 '섬유 산업'이야.
실을 짜고 옷감을 만드는 일을 하는 공장이 곳곳에 생겨났어.
그러자 실을 잣는 기계인 방적기,
옷감을 짜는 기계인 방직기가 개발되기 시작했어.
상업과 공업의 발전은 또 ==도시의 발달==로 이어질 수밖에 없었어.
상공업이 발전하면 많은 사람이 모여 살 수밖에 없으니까.

도시의 발달은 여러 새로운 문제를 발생시켰는데

그 가운데 하나가 '땔감' 문제였어.

이때 사람들은 주변의 숲에서 나무를 해다가 썼어.

그런데 도시가 커지다 보니 숲의 나무가 동이 났어!

땔감 값이 천정부지로 뛰었지. 새로운 연료를 찾아야 했어.

그래서 사람들은 '석탄'에 눈을 돌렸어.

사람들은 오래전부터 석탄에 대해 알고 있었지만

널리 사용할 수가 없었어.

석탄을 캐려면 땅을 깊게 파고 들어가야 하는데

땅을 깊이 팔수록 지하수가 고여서 사람이 들어갈 수 없거나

탄광이 무너지곤 했거든.

하지만 18세기 초, ==증기 기관이 발명==되면서, 이 문제가 해결됐어.

증기 기관을 이용해 탄광 속에 고인 물을

퍼낼 수 있게 된 거야!

이는 과학혁명을 통해 얻은 지식과 기술 덕분이었어.

증기 기관은 온도와 기체의 부피 관계,

대기압의 존재 등과 같은 과학적 지식과

복잡한 기계를 설계할 수 있는 기술이 적용된 발명품이었거든.

18세기 후반에 들어서면서 증기 기관은 방적기와 방직기를 만났어.
==방적기와 방직기에 증기 기관이 연결==되자
실과 옷감을 이전보다 10배, 20배 더 많이 생산할 수 있었어.
덕분에 가격이 싸졌지!

이에 따라 ==사회 구조도 급격하게 변하기 시작==했어.
대부분이 농사를 짓던 사회에서
대부분이 공장에서 일하는 사회로 변화하기 시작한 거야.
1년을 주기로 씨 뿌리고, 농사짓고, 추수하며 살던 사람들이
매일 같은 작업을 반복하고 같은 시간에 출퇴근하는
삶을 살게 됐어.
공장 노동자들에게 기계를 다루는 기초적 교육이 필요해지자
의무 교육이 도입되면서 모든 어린이가 학교에 다니는 것이
일반화되었지.
직업도 다양해졌어. 어린이들이 성장하면서
자신의 직업 선택을 고민하기 시작한 것도 이때부터야.
사람들은 도시로 도시로 몰려들었어.
이에 따라 농촌에서 생산된 농산품을 도시로,
도시에서 생산된 공산품을 농촌으로 유통시켜야 할 필요가 커졌어.

증기 기관은 이 필요도 해결했어.

조지 스티븐슨George Stephenson, 1781~1848년은 증기 기관을 마차에 달았어. **증기 기관차**가 개발된 거야!

증기 기관차는 도시와 농촌, 도시와 도시를 이어

사람과 물류를 빠르게 실어 나를 수 있었어.

이후 증기 기관을 단 증기선도 개발되었지.

증기선은 나라와 나라, 대륙과 대륙을 이어 주었어.

나라와 나라, 대륙과 대륙을 잇는 거미줄 같은 교통망이 생겨났어.

이와 같은 경제적·기술적·사회적 대변혁을 **산업혁명**이라고 해.

산업혁명은 영국에서 시작돼 프랑스, 독일 등

유럽 전역으로 뻗어 나갔고 이 나라들은

해외에 식민지를 건설하기 시작했어.

공장에서 더 많은 물품을 생산할 수 있는 원료 생산지와

공장에서 만든 상품을 팔 수 있는 상품 판매 시장이 필요했던 거야.

이때부터 근대 유럽의 문명이 전 세계에 영향을 미치기 시작했어.

식민지가 된 나라들은 침략자인 유럽에 맞서 싸우면서도

유럽을 배우려고 했어.

자기 나라를 유럽처럼 근대화시키려 했던 거야.

근대화

산업화	도시화	정치적 민주화	합리화
공업과 서비스 산업 중심 기계화와 대량 생산	도시 중심 소비 문화	공화정 국민 참여 법 앞에 평등	이성적 사고와 과학적 방법 중시

근대화의 개념들은 모두 유럽에서 발생했지만

경제적으로나 정치적으로, 또 합리적으로 따져 봐도

더 나은 사회를 만드는 데 도움이 되었어.

특히나 과학혁명은 근대 유럽 문명을 배워야 할 절대적인

이유가 되었어.

유럽의 나라들이 잘살 수 있었던 것은

산업혁명으로 기계화 체제와 산업화를 이루었기 때문인데,

산업혁명이 일어날 수 있었던 건 과학혁명 덕분이었으니까.

유럽의 나라들이 신분제 국가에서 벗어나

공화정과 민주주의를 세울 수 있었던 것은

이성적이고 합리적인 사고를 강조한 덕분인데,

이 원천 역시 과학혁명기에 성립된 과학적 사고에 있었어.

유럽의 나라들로부터 독립하기 위해 싸우려면 무기가 필요한데,
무기를 개발하려면 과학혁명기의
발견과 발명에 대해 알아야 했어.
아직 근대화를 이루지 못한 나라들이
과학 기술을 발전시키기 위해서는
뉴턴을 비롯한 유럽의 과학자들과 그들의 연구,
그 과학자들이 연구에 집중할 수 있었던
유럽 사회에 대해 공부하지 않을 수 없었지!

19세기, 전자기학이 발달하면서
유럽을 배우고자 하는 열망은 더욱 커졌어.
전자기학은 마이클 패러데이Michael Faraday, 1791~1867년의 실험 결과를
제임스 클러크 맥스웰James Clerk Maxwell, 1831~1879년이
수학적으로 통일해 내면서 정립한 물리학의 한 분야야.
오늘날 우리가 쓰는 전기와 라디오, 텔레비전과 같은
전자 제품은 물론
컴퓨터와 인터넷 통신에서 전기 자동차와 자기 부상 열차 등
최첨단 현대 문명을 이루는 대부분 요소가
전자기학을 기반으로 만들어졌지.

> 전기 없는 세상을 상상할 수 없는 것처럼
> 전자기학 없는 현대 문명은 존재할 수 없어.

유럽의 식민 지배를 겪은 나라들은 유럽은 미워해도,

현대 문명의 토대를 만든 패러데이와 맥스웰은 존경할 수밖에

없었어. 그들이 만든 전자기학을 열심히 배워야

자기가 살고 있는 나라 혹은 공동체를 발전시킬 수 있었으니까.

> 근대 유럽의 힘은
> 과학혁명으로부터 나왔기 때문에
> 근대 유럽 문명이 전 세계로 퍼져 나간 거구나!
> 과학혁명이 무기라는 말, 이제 이해됐어!

그런데 전자기학의 발전으로

과학자들은 생각지 못한 문제에 맞닥뜨렸어.

> Check it up 3 | 인물

제임스 클러크 맥스웰

물리학 발전에 가장 큰 기여를 한 인물 세 명을 꼽는다면 뉴턴과 아인슈타인, 그리고 맥스웰을 들 수 있어.
뉴턴과 아인슈타인을 모르는 사람은 없을 거야.
뉴턴은 앞에서도 잠깐 언급했고, 아인슈타인은 뒤에서 다루겠지만 누구나 한 번쯤 이름은 들어 봤을 거야. 그에 비해 맥스웰에 대해 아는 사람은 드물어.

ⓒWikimedia

제임스 클러크 맥스웰
James Clerk Maxwell, 1831~1879년
영국의 물리학자이자 수학자

맥스웰은 '전자기학의 창시자', '전자기학의 아버지'라고 불려.
마이클 패러데이는 실험을 통해 전기와 자기가 서로 영향을 미치고,
두 힘은 결국 하나의 힘이라고 주장했어. 하지만 패러데이는
이를 수학적으로 증명하는 데까지는 나아가지 못해,
전자기학은 과학 이론으로 정립할 수는 없었어.
뉴턴 이래, 과학 이론으로 정립되기 위해서는
수학적 증명을 통해 수학적 법칙으로 설명할 수 있어야 했거든.
그런데 맥스웰은 물리학뿐만 아니라 수학에도 정통한 과학자였어.
그는 패러데이의 실험과 실험을 통해 발견한 사항들에
앙페르, 가우스와 같은 과학자·수학자들의 발견과 증명을 더해
전자기학을 수학적으로 정리해 냈어. 이를 '맥스웰 방정식'이라고 해.

맥스웰 방정식

$$\nabla \cdot E = \frac{\rho}{\varepsilon_0}$$

$$\nabla \cdot B = 0$$

$$\nabla \times E = \frac{\partial B}{\partial t}$$

$$\nabla \times D = \mu_0 J + \varepsilon_0 \mu_0 \frac{\partial E}{\partial t}$$

맥스웰 방정식은 전기장과 자기장의 상호 작용과 전자기파의 전파를 설명하는 네 개의 기본 방정식이야. 보기에는 괴상하고 황당하고, 겁나게 어려울 것 같지? 걱정 마! 여기서는 이 방정식의 의미만 알면 되거든.

> 전기장과 자기장은 서로를 유도하며 상호 작용하고, 변화하는 전기장이 자기장을 생성하고, 변화하는 자기장은 전기장을 생성한다.

맥스웰의 작업들은 수학적으로 아름다웠고, 이후 여러 실험을 통해 경쟁 이론들을 물리치고 차례차례 검증되었어.
이런 과정들은 과학의 발전을 더욱 촉진했고, 지금도 많은 과학자가 이를 따르고 있지.

맥스웰은 자신이 정리한 방정식을 통해

빛도 전자기파, 즉 파동임을 알아냈어.

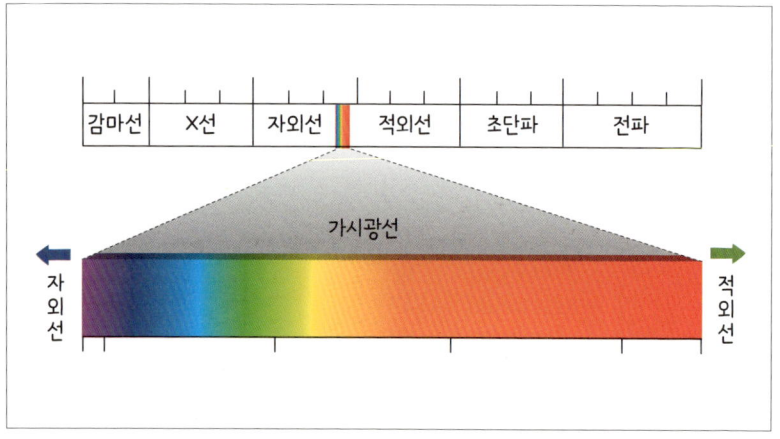

전자기파의 종류
X선, 자외선, 적외선 등등 전자기파는 종류가 많아. 우리가 볼 수 있는 빛은
전자기파의 한 종류인데, 이를 가시광선이라고 해.

그런데 맥스웰은 이 과정에서 빛의 속도는 언제나, 어떤 상황이든

일정하다는 것을 깨닫게 됐어.

이를 깨달았던 그 순간, 맥스웰은 혼란스러울 수밖에 없었을 거야.

==빛의 속도에 대한 맥스웰의 깨달음은 '빛의 속도는 변한다'라는 뉴턴의 주장과 충돌==하는 것이었거든.

이로써 과학자들은 새로운 문제에 직면하게 되었어.

맥스웰의 주장이 맞는지, 뉴턴의 주장이 맞는지

알아내야 했던 거야.

이 과정에서 뉴턴 이래 구축되었던

역학(물체 간 힘과 운동을 연구하는 학문) 체계가 새롭게 정리되며

이른바 '현대과학'이 탄생해.

'빛의 속도가 일정하다!'라는 맥스웰의 주장은
'빛의 속도는 변한다!'라는 뉴턴의 주장에 배치됐어.
과학자들은 누구의 주장이 맞는지 검증하고자 했고,
결국 맥스웰의 주장이 맞았음을 밝혀냈지.
여기에서 현대과학의 한 축이라고 할 수 있는
'상대성 이론'이 출발했어.
아인슈타인과 상대성 이론에 대해 알아보자!
더불어 커져 가는 과학과 과학자의 책무에 대해 생각해 보자.

> Level 2

상대성 이론과 우주

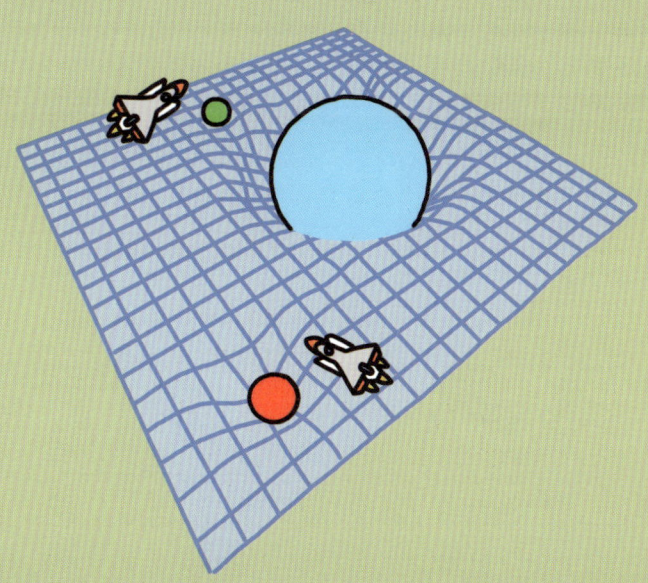

누구의 주장이 옳을까

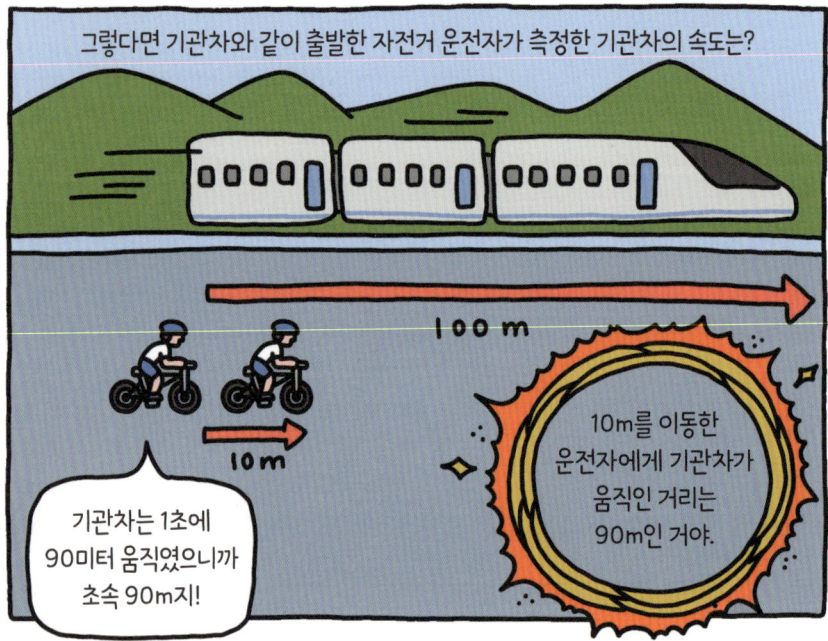

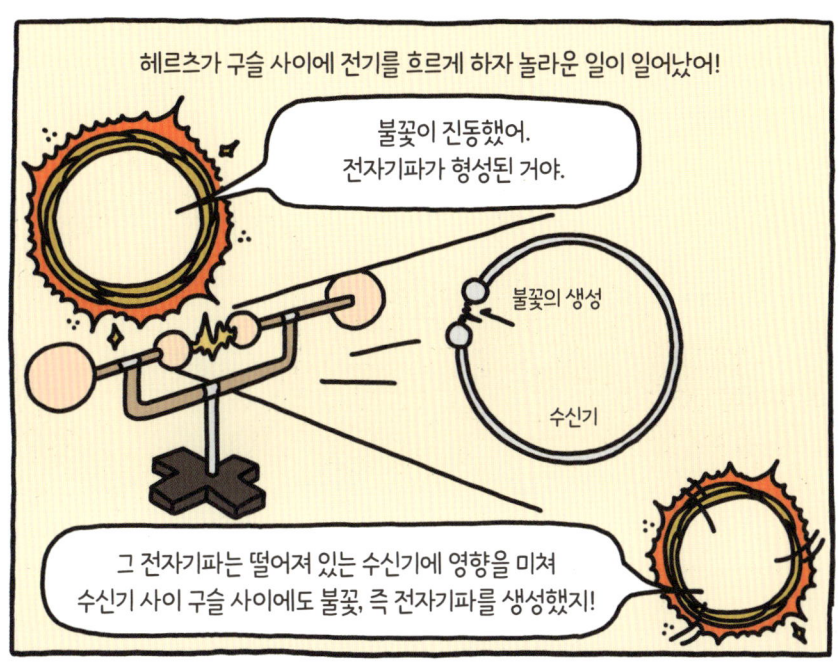

Check it up 1   물리
아인슈타인과 상대성 이론

맥스웰은 빛의 속도가 항상 일정해야 함을 수학적으로 보여 줬어.
하지만 이는 관찰자의 상태에 따라 빛의 속도가 변할 수 있다고
보았던 뉴턴의 역학과 충돌했지.
그런데 현실에서는 맥스웰의 전자기학과 뉴턴의 역학이 문제없이
쓰였어.
대서양에 해저 케이블을 설치하기 위한 공사에서도
뉴턴의 역학에 따라 무너지지 않는 구조물을 만들고,
맥스웰의 전자기학을 이용해서 통신 케이블을 설치했으니까.
하지만 그럴수록 맥스웰과 뉴턴의 주장 가운데 뭐가 맞는지
더 궁금해졌고,

누구의 주장이 맞는지 생각하고 실험하고 연구하는 사람들은 늘어났어.

그러던 1905년, 26세의 젊은 과학자가 획기적인 아이디어를 내놓았어. 바로 알베르트 아인슈타인Albert Einstein 1879~1955년이야. 아인슈타인은 맥스웰처럼 '빛의 속도는 항상 일정하다'라고 생각했어.

그리고 아인슈타인은 한 걸음 더 나아갔어.

맥스웰이 옳다면 관측자가 어떠한 상태에 있든 광속은 똑같은 속도로 관측되어야 해. 이것을 만족시키려면 도대체 어떻게 해야 할까?

빛의 속도가 초속 100미터라고 가정했을 때

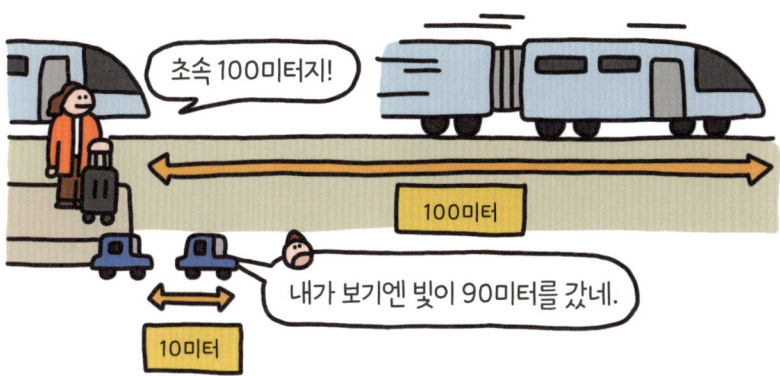

아인슈타인은 이에 대해 두 사람 모두의 말이 맞다고 생각했어.
왜냐하면 아인슈타인은 이렇게 생각했거든.

두 사람의 시간이 다르게 흘렀을 뿐!

속도는 $\frac{거리}{시간}$ 고, 기관차는 1초에 100미터를 갔으니,
기관차의 속도는 $\frac{100}{1}$, 초속 100미터가 맞아.
그런데 운전자에게는 빛이 90미터 간 것으로 측정되는 이유는
행인에게 시간이 1초 흐르는 동안,
운전자에게는 0.9초만 흘렀기 때문이라는 거야.
즉 아인슈타인은 **속도가 빨라지면**
길이(공간)는 줄어들고, 시간은 느리게 흐른다고 설명했어.
반대로 **속도가 느려지면**
길이(공간)는 늘어나고, 시간은 빠르게 흐른다고 말했지.

속도에 따른 거리의 풍경

| 정지한 상태에서 거리를 볼 때 | 빛의 속도로 달리는 우주선에서 거리를 볼 때 |

속도가 빨라지면 공간이 줄어들어 물체는 줄어들어 보이고,
반대로 속도가 느려지면 공간이 늘어나며 물체도 늘어나 보인다고 해.
그런데 우리는 이 현상을 실제로는 잘 느낄 수가 없어.
그 까닭은 시간과 공간이 늘어나고 줄어드는 현상은
빛의 속도에 가까워야 뚜렷하게 나타나기 때문이야.
현재 아무리 빠른 비행기도 초속 3,000미터 정도야.
빛의 속도인 초속 300,000킬로미터의 0.00001% 정도인 거야.
이 정도의 변화로는 공간의 변화를 알아차릴 수 없지!
하지만 1990년대 후반, 이 현상이 실험으로 입증됐어.
입자 가속기라는 기구를 통해 전자 등을 빛의 속력에 가깝게 달리게
해 보니, 속도에 따른 공간 변화가 나타난 거야!

그리고 몇 개월 후, 아인슈타인은

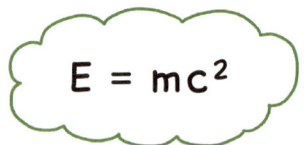

이라는 공식도 내놓았어.

여기서 E는 에너지Energy, m은 물질의 질량, C는 빛의 속도를 말해.

이 공식에 따르면 **질량이 크고 속도가 빠를수록 에너지도 높아**.

또 **에너지는 곧 물질**이라는 의미로도 해석 가능해.

빛의 속도는 약 초속 300,000km로 정해진 수라서

어떤 물질에든 똑같은 값이 곱해지니까

그 물질의 질량이 곧 에너지가 될 수 있는 거지.

물론 300,000의 제곱, 즉 300,000×300,000이니

아주 작은 질량으로도 엄청난 에너지를 낼 수 있어.

오늘날, 원자력 발전을 하지?

원자력 발전에 쓰이는 원자핵, 중성자, 양성자 등

원자 내부 물질의 질량은 우리가 재기 힘들 정도로 작아.

그럼에도 엄청난 에너지를 낼 수 있는 이유가 바로

300,000에 300,000이 곱해지기 때문이야.

1905년에 완성된 이런 아인슈타인의 주장을 '**특수 상대성 이론**'이라고 해.

특수 상대성 이론은 ==빛의 속도는 항상 일정하고
빛의 속도에 따라 거리와 시간이 변할 수 있다==는 거야.
이는 거리와 시간은 항상 일정하고
빛의 속도가 변한다고 생각한 뉴턴의 생각과 완전 반대였지.
그런데 그로부터 10년 뒤인 1915년, 아인슈타인은
뉴턴의 주장을 또 한 번 뒤집는 이론을 발표했어.

뉴턴은 사과가 지구에 떨어지는 까닭을 만유인력으로 설명했어.
물질은 모두 서로를 끌어당기는 힘을 가지고 있다는 거지.
이 가운데 특정한 천체가 물질을 끄는 힘을 중력이라고 해.
지구가 가지고 있는 만유인력이 중력인 거야.
그런데 뉴턴은 왜 모든 물질이 만유인력을 가지고 있는지
천체들은 왜 중력을 가지고 있는지 설명하지 못했어.
그럼에도 사람들이 뉴턴의 만유인력을 철석처럼 믿었던 까닭은
만유인력이 있다고 전제하면
우주에서 일어나는 현상과 지구에서 일어나는 관찰들을
모두 설명할 수 있었기 때문이야.
만유인력이 정말 있는지는 증명된 적이 없었던 거야.
아인슈타인은 바로 이 만유인력에 의문을 가졌어.

아인슈타인은 만유인력이나 중력이 '힘'이 아니라

'시공간의 휘어짐'이라고 보았어.

팽팽하고 얇은 고무판 위에 공을 올려놓으면 고무판은 휘어지겠지?

그런데 공의 무게에 따라 휘어지는 정도는 다를 거야.

무거운 공은 고무판을 많이 휘게 하고,

가벼운 공은 고무판을 적게 휘게 하지.

아인슈타인은 행성과 우주 공간도 마찬가지라고 보았어.

무거운 행성은 우주 공간을 많이 휘게 하고,

가벼운 행성은 우주 공간을 적게 휘게 한다고 생각했지.

별의 질량으로 휘어진 우주 공간
아인슈타인은 행성의 질량만큼 우주 공간이 휘고,
그 휘어진 정도에 따라 물체가 행성 쪽으로
운동하게 되는데 이것이 중력이라고 했어.

우주 공간이 많이 휘어
쑥 빨려 들어가네!

우주 공간이 적게 휘어
덜 빨려 들어가네!

아인슈타인은 엄청난 질량을 가진 천체는 주위를 엄청나게 휘게 해
빛조차 휜다고 했어.
또 엄청난 질량을 가진 천제로 인해 휘어진 시공간에서
시간은 더디게 흐를 것이라고 했지.
이를 '==일반 상대성 이론=='이라고 해.

1915년, 아인슈타인이 일반 상대성 이론을 주장했을 때
사람들은 아인슈타인의 주장을 선뜻 받아들이지 못했어.
뉴턴의 만유인력이나 중력의 존재가 증명되지 않은 것처럼
아인슈타인의 주장 역시 증명되지 않았으니까.
하지만 아인슈타인은 자신의 주장이 입증될 수 있다고 자신하면서
몇 가지 예측을 했어.

대표적인 것이 '태양 옆을 지나는 빛'에 대한 예측이야.
아인슈타인은 태양은 질량이 크므로
태양 옆을 지나는 빛은 휠 것이고, 이 때문에
태양 뒤에 있는 별은 원래 위치보다
약간 다른 위치에서 관측될 걸로 예측했어.

영국의 천문학자 **아서 스탠리 에딩턴**Sir Arthur Stanley Eddington, 1882~1944년은 아인슈타인의 주장을 실증하기로 마음먹었어.
그런데 태양 때문에 빛이 휜다고 해도
태양빛이 너무 밝아서 그 빛을 볼 수 없는 게 문제였어.
에딩턴은 일식을 이용하기로 했어.
일식으로 태양빛이 가려지면 주변 빛을 볼 수 있다고 생각한 거지.
에딩턴은 1919년 5월, 남아메리카와 아프리카에서 일어나는
개기 일식을 이용했어.
일식이 일어나는 동안 태양 주변의 빛, 즉 별의 위치를 관찰했지.
그리고 밤에 태양이 없는 하늘에서 별의 위치와 비교했어.

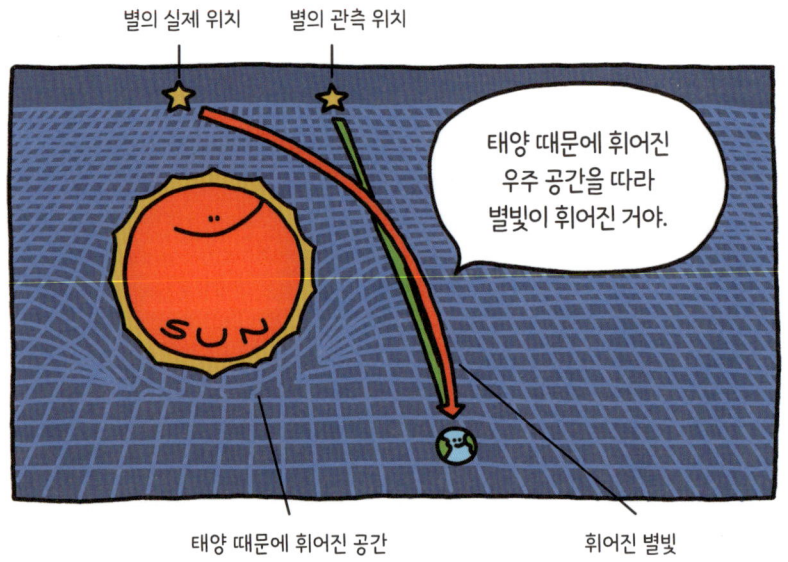

그러자 태양 뒤에 있어야 할 별이

옆으로 이동한 것처럼 보인 것이 밝혀졌어.

휨의 정도도 아인슈타인이 예측한 그대로였지.

이처럼 중력으로 인해 빛이 휘는 현상을 '중력 렌즈 효과'라고 해.

중력 렌즈 효과는 아인슈타인의 이론을

관측을 통해 처음으로 증명한 사례였어.

그 뒤에도 아인슈타인이 상대성 이론으로 예측한 현상이

하나하나 맞아 들어갔어.

> Check it up 2 · 천문학

상대성 이론이 예측한 우주

아인슈타인의 특수 상대성 이론에서
"속도가 빠르면 시간은 느리게 흐른다"라고 했어.
그리고 일반 상대성 이론에서는
"중력이 강한 곳에서는 시간이 느리게 흐른다"라고 했지.
중력이 강할수록 공간과 시간도 더 많이 왜곡되니까.
이 주장대로라면 지구의 표면에서보다
지구 근처 우주 공간에서 시간이 더 빨리 가야 해.
지구 표면과 지구 근처 우주 공간의 중력을 비교하면
지구 표면의 중력이 더 강할 테니까.

그런데 1970년대, 인공위성을 본격적으로 이용하기 시작하면서
속도와 중력에 의한 시간 팽창이 증명됐어!

우리는 요즘 인공위성을 이용해 위치를 찾아.
핸드폰 위치 추적이나 내비게이션 등을 통해
GPSglobal position system, 범지구 위치 결정 시스템를 이용하잖아.
GPS는 인공위성에서 발사하는 전파를 수신해 위치를 파악해.
그런데 인공위성과 지구 사이에는 시간 차이가 발생해.
인공위성은 지구 주위를 빠르게 돌아.
따라서 특수 상대성 이론에 의해 인공위성에서 시간은 지구보다 느리게 흘러.
하지만 인공위성은 지구 표면에서 멀리 떨어져 있어서
지구 표면보다 중력이 적게 작용해.
그래서 일반 상대성 이론에 따라서 시간이 빠르게 흐르지.
이런 차이를 더하고 빼면, 인공위성에서는 지구에서보다
하루에 38마이크로초(0.000038초) 빨리 흘러.
'에계! 겨우!'라고 생각할 수 있어!
하지만 이건 엄청난 차이야.
38마이크로초 동안 빛은 10km 이상 갈 수 있거든.

과학자들은 GPS를 이용하면서
상대성 이론에 따라 줄어들고 늘어나는 시간을 측정하고 보정해야
수 미터 내로 정확한 위치를 알아낼 수 있음을 깨달았어.
GPS로 우리 위치를 정확하게 찾을 때마다
아인슈타인의 상대성 이론이 증명되고 있는 거야.

GPS의 작동 원리

3개의 인공위성이 위치한 곳에서 내가 있는 지점까지 쏜 전파의 길이를 반지름으로 하는 구를 그리면, 세 구가 만나는 점 2개가 생겨. 그중 지구에 있는 한 점이 바로 나의 위치야. GPS를 이용할 때는 보통 4개의 인공위성이 사용되는데, 나머지 한 인공위성은 상대성 이론에 따른 시간 차를 보정하는 데 쓰여.

아인슈타인은 아주 큰 별이 생명을 다하면
중심부가 중력 때문에 완전히 붕괴될 거라고도 생각했어.
그러면 중력이 너무 강해서 빛조차 빠져나올 수 없다고 봤지.
상대성 이론을 통해 '블랙홀'의 존재를 예측한 거야.
아인슈타인은 **블랙홀의 존재** 가능성을 수학적으로 보여 줬지.
그런데 2019년, 블랙홀이 관측됐어!

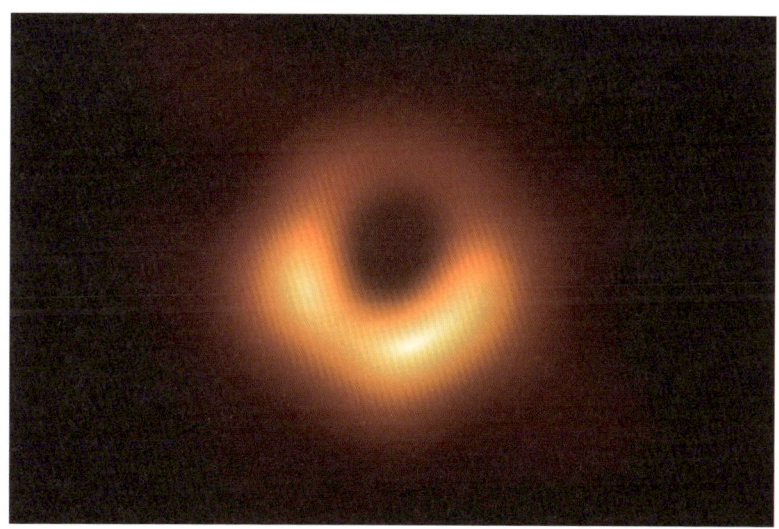

ⓒ Event Horizon Telescope Collaboration

최초로 관측된 블랙홀
2019년 4월 10일, 전 세계 13개의 연구 기관으로 구성된
'이벤트 호라이즌 망원경(EHT, Event Horizon Telescope, 사건의 지평선 망원경)'
프로젝트의 연구진이 지구에서 5500만 광년 거리의 처녀자리 은하단 M87 중심부에 존재하는
블랙홀을 관측했어. 태양보다 3배 이상 무거운 별이 블랙홀이 된다고 하는데,
이때 관측된 블랙홀은 태양 질량의 65억 배에 이를 것으로 추정돼.

아인슈타인은 또 **'중력파'를 예측**했어.

중력파란, 아주 무거운 천체들이 부딪히거나 사라지면서 생기는 파동이야.

잔잔한 호수에 친구와 둘만 들어가 서로를 향해 달려갈 때를 상상해 봐.

이때 나와 친구가 만들어 낸 파동이 합쳐지며 또 파동이 만들어져.

이 파동은 호숫가까지 퍼져 나가지.

중력파는 이런 물결 같은 파동이야.

아인슈타인은 일반 상대성 이론을 발표하며
이 중력파를 예측했지만, 100년이 다 되도록
중력파에 대한 어떤 증거도 발견할 수 없었어.
블랙홀은 2019년, 실제로 관측되기 전에도
블랙홀이 존재할 거라는 간접적인 증거가 있었어.
블랙홀이 아니고서는 설명할 수 없는 천체가 발견되곤 했거든.
하지만 중력파는 그런 증거도 없이 100년이 지났지.
사람들은 중력파를 '아인슈타인이 남긴 마지막 수수께끼'라고까지 했어.

그런데 2015년 9월 14일, 지구에서 중력파가 감지됐어!

미국 **라이고**(LIGO, Laser Interferometer Gravitational-Wave Observatory 레이저 간섭계 중력파 관측소)에서 중력파를 감지한 거야.

중력파 관측 장비

라이고에는 위 그림과 같은 중력파 탐지기가 있어. 기다란 관에 끊임없이 레이저를 쏘고 그 속도를 관측하는 장비야. 그런데 어느 순간 4킬로미터 길이가 잠시 축소되었다 확대되는 것이 관측됐어. 지구와 태양 사이 거리에서 몇 밀리미터 준 정도의 작은 차이였지. 게다가 다른 곳에 위치한 라이고의 관측 장비에서도 시간 차를 두고 똑같은 현상이 관측됐어. 과학자들은 이 현상이 일어난 원인을 분석했고, 그것이 중력파 때문이었다는 결론을 얻었어.

이때 관측된 중력파는 거대한 질량을 가진 블랙홀 2개가
충돌한 뒤 합쳐지는 과정에서 발생했다고 해.
블랙홀이 얼마나 거대했냐면
하나는 태양 질량의 36배, 다른 하나는 29배였대!
더 놀라운 건, 그 블랙홀이 충돌한 시기야!
두 블랙홀이 충돌한 건 13억 년 전이었어.
무려 13억 년 전 충돌한 두 블랙홀이 만들어 낸 중력파가
13억 년 동안 우주를 건너 지구에까지 도달한 거야!

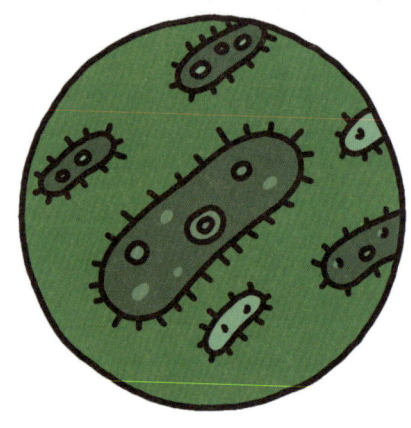

박테리아
내가 지구에 없던 산소를 열심히
만들어 내고 있을 때지. 그때 지구에는
나 같은 생물밖엔 없었다고!

상대성 이론을 통해서 빅뱅과 우주 팽창도 예측할 수 있었어.

사실 아인슈타인은 우주가 고정되어 있다고 생각했어.

그런데 상대성 이론을 만들면서 이것저것 계산을 해 보니,

우주가 수축하거나 팽창해야 한다는 결과가 나오는 거야.

아인슈타인은 이를 받아들일 수 없었어.

그래서 자신이 만든 방정식에 '우주 상수'라는 값을 만들어 넣어

우주를 고정된 상태로 만들려고 노력했지.

그런데 1929년 천문학자 에드윈 허블 Edwin Powell Hubble, 1889-1953년이

은하들이 우리로부터 멀어지고 있는 것을 관측했어.

가까이 있는 은하보다 멀리 있는 은하가 더 빠르게 멀어졌지!

이는 우주가 계속 팽창하고 있다는 증거였어.

허블의 발견을 알게 된 아인슈타인은 자신의 실수를 인정했지.

우주 상수를 도입한 걸 '내 생애 최악의 실수'라고 했거든.

그리고 우주가 팽창하고 있다는 것은 결국

우주가 한 점에서 시작되어, 대폭발하여 오늘날과 같은 상태가

되었다는 '빅뱅' 이론으로 이어져 오늘날의 우주론이 형성된 거야.

이처럼 상대성 이론은 여러 천문학적 현상을 예측하고

그 예측이 증명되면서 현대 천문학의 기본 틀이 되었어.

> Check it up 3   윤리

E=mc²과 평화 운동

E=mc² 기억하지?

E는 에너지Energy, m은 물질의 질량, C는 빛의 속도잖아.

> 오늘날 우리에게 전기를 공급하는 원자력 발전은
> E=mc²을 기반으로 시작될 수 있었어.

앞에서도 잠깐 말했지만 빛의 속도가 어마어마하게 빠르기 때문에 원자, 아니 그 원자 속 작은 입자들을 이용해서도 엄청난 에너지를 얻을 수 있다는 걸 깨달았으니까.

그런데 원자력 발전과 핵폭탄의 원리가 같다는 거 알아?
모두 원자핵이 쪼개질 때 방출되는 에너지를 이용하거든.
원자핵이 쪼개지는 속도를 조절해서 그 에너지를 이용하면
원자력 발전이 되고,
원자핵이 쪼개지는 속도를 조절하지 않아 폭발하도록 하면
핵폭탄이 되는 거야.

그런데 1939년, 아인슈타인은 미국의 루스벨트 대통령에게
핵무기 개발을 제안하는 편지를 보냈어.
당시는 히틀러가 이끄는 독일이 제2차 세계 대전 1939~1945년을
일으킨 때였어.
많은 사람이 과학 기술이 발전한 독일이 핵무기를 개발할지도
모른다고 걱정했지.
아인슈타인은 이에 대비해야 할 필요성이 있다고 했던 거야.
이에 따라 미국은 '맨해튼 프로젝트'를 시작했고
그 계획을 통해 핵폭탄을 개발했어.
그리고 1945년 8월, 일본의 히로시마와 나가사키에 핵폭탄을
투하했어.
이를 본 많은 과학자가 경악했어!

과학자들은 $E=mc^2$이라는 공식을 통해

티끌 하나도 엄청난 에너지로 전환될 수 있다는 건 알았어.

그런데 그것이 실제에 적용된 결과는 한마디로 '참상'이었던 거야.

폐허가 된 히로시마
1945년 8월 6일 오전 8시 15분, 일본의 히로시마에 핵폭탄이 투하됐어. 건물의 90%가 붕괴했고, 7~8만 명이 즉시 사망했어. 그만큼의 사람들이 폭발, 열 등으로 크게 다쳤어. 또 1~2만 명의 사람들은 방사능 피폭으로 고생하다 숨을 거두었지.
도시는 재건되었지만, 사람들의 고통은 계속되고 있어. 방사능에 피폭된 사람들, 그 사람들의 자손들이 여전히 고통 속에 살고 있는 거야.

ⓒ Wikipedia

이는 과학자들의 사회적 책무에 대해

생각하게 하는 중요한 계기가 되었어.

16~17세기 과학혁명과 18~19세기 산업혁명으로

많은 사람이 장밋빛 미래를 꿈꾸었어.

과학과 기술, 산업의 발달로 사회가 풍요로워지자

그 풍요를 만끽하는 것이 인류의 미래라고 생각한 거야.

하지만 현실은 그렇게 돌아가지 않았어.

부자는 더 부자가 되고, 가난한 자는 더 가난해졌어.

부자 나라는 더 부자가 되려고 하며 가난한 나라를 쳐들어갔지.

그래서 제1차 세계 대전 1914~1918년이 발발하자,

대부분 과학자는 자기 나라를 위해 나섰어.

전쟁터에 나가고, 전쟁에 쓰일 무기를 개발했지.

그리고 제2차 세계 대전이 일어났고, 핵무기도 개발됐어.

핵무기는 이전까지 인류가 한 번도 경험하지 못한

끔찍하고 비인도적인 참상을 보여 주었어.

이를 통해 과학자들은 자신들의 연구와 개발이

얼마나 끔찍한 결과를 만들 수 있는지 깨달았어.

그 깨달음은 과학자들을 핵무기 반대, 전쟁 반대로 나아가게 했어.

맨해튼 프로젝트를 이끌었던 **J. 로버트 오펜하이머** Julius Robert Oppenheimer, 1904~1967년는 핵무기 확산을 막는 데 앞장섰어.

미국 정부가 수소 폭탄을 개발하려고 하자, 이것도 반대하고 나섰지.

공산주의자로 몰리는 등 정치적 핍박을 받았지만

오펜하이머는 자신의 소신을 굽히지 않았어.

아인슈타인 역시 전쟁 반대와 평화 운동에 참여했어.

아인슈타인은 맨해튼 프로젝트에 직접 참여하지는 않았어.

하지만 프로젝트의 제안자로서

또 $E=mc^2$이라는 이론을 만든 과학자로서

그리고 인류의 안녕과 평화를 바라는 한 인간으로서

책임감을 느낀 거야.

아인슈타인은 인종 차별과 불평등을 반대하는 목소리를 내고

인권 문제에도 큰 관심을 가졌어.

다음은 아인슈타인의 인간관을 여실히 보여 주지.

© Wikipedia

이 세상의 그 어떠한 부富도 인간성을
향상시키지 못한다고 나는 굳게 믿는다.
위대하고 순수한 개인들만이
우리가 고귀한 생각과 행동을 하도록 안내할 수 있다.

1955년, 아인슈타인은 세계적인 철학자이자 수학자인
==버트런드 러셀==Bertrand Arthur William Russell, 1872~1970년과 함께
러셀-아인슈타인 선언Russell - Einstein Manifesto을 선포했어.
이 선언은 핵무기 폐기와 과학 기술의 평화적 이용을 호소한 건데
여기에는 총 11명이 서명했지.
이 가운데 10명이 노벨상 수상자였어.

오펜하이머, 아인슈타인 외에도
아인슈타인과 함께 맨해튼 프로젝트를 제안하고
맨해튼 프로젝트에 참여했던 과학자들,
심지어 미국과 경쟁하던 소련의 과학자들도
핵무기 사용 금지 등 평화 운동과 인권 운동에 나섰어.
이런 과학자들의 활동은 많은 사람의 관심을 끌었고,
이로 인해 과학자들의 사회적 영향력은 커졌어.
그리고 그 관심과 영향력의 크기만큼
과학자들의 사회적 책무에 대한 고민도 커지고 있어.

양자 역학은 상대성 이론과 함께
현대과학을 떠받치는 기둥이라고 할 수 있어.
하지만 양자 역학은 그것을 연구하는 과학자들조차
'제대로 이해하는 사람이 없다'라고 할 정도로
난해하고 어려운 학문이라고 해.
양자의 세계는 우리 눈으로는 볼 수 없는 데다
우리가 사는 세계와는 전혀 다른 운동 방식으로 존재하기 때문이야.
그런 양자의 세계를 살짝 엿볼까?

Level 3

원자와 양자 역학

모든 것은 원자로 이루어졌다!

Check it up 1 　물리학

원자는 어떻게 생겼을까?

19세기 말, 진공 유리관이 개발됐어.

진공이라고는 해도, 유리관 안에는 약간의 기체가 남아 있었어.

지금처럼 완전한 진공을 만들지는 못했거든.

과학자들은 진공 유리관 양쪽에 금속판을 설치하고

전압을 가하면서 여러 가지 실험을 했어.

그런 실험으로 이뤄낸 대표적인 성과가 바로 'X선 발견'이야.

그런데 진공관 한쪽에 전압을 걸면 반대쪽으로 빛을 내며 선이 생겼어.

-극 쪽에서 +극 쪽으로 흐르는 선을 음극선이라고 불렀지.

과학자들은 그 선들은 금속판이나 진공관 속에 남은 기체에서

뭔가 튀어나오며 생기는 걸로 생각했어.

1897년, 조지프 존 톰슨Joseph John Thomson, 1856~1940년은 음극선의 정체를 알아내기 위해 여러 가지 실험을 했어.

톰슨의 음극선 실험

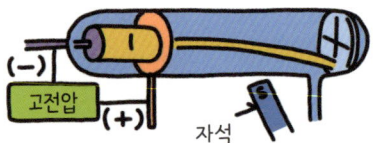

자석을 가져다 대었더니 음극선이 휘었어. 이는 음극선이 전하를 띤다는 뜻이었어. 전하란 뭔가가 전기적 성질을 가지는 거야.

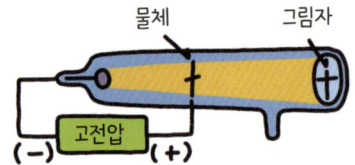

음극선 앞에 물체를 가져다 놓으면 반대편에 그림자가 생겼어. 이는 음극선이 입자로 이루어졌다는 뜻이었어.

음극선 앞에 바람개비를 놓았을 때 바람개비가 돌아갔어! 이는 음극선을 이루는 입자가 바람개비를 돌릴 만큼의 힘, 즉 질량을 가지고 있음을 뜻했지.

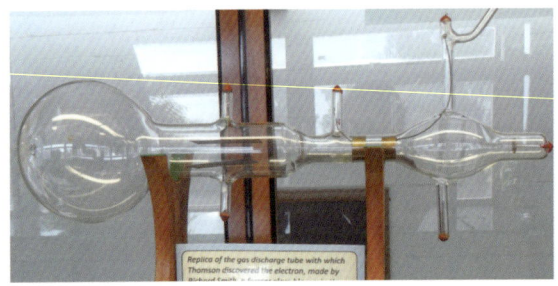

ⓒ Rolf Kickuth, Wikipedia

톰슨의 실험 장치

입자와 파동의 운동

모든 물질이나 에너지는 입자 혹은 파동의 형태로 존재해.
입자는 쉽게 말해 알갱이이고, 파동으로 대표적인 건 소리가 공기를 통해 퍼져 나가며 전달되는 현상이지. 그런데 파동은 퍼져 나가다가 물체를 만나면 넘어가거나 돌아가. 덕분에 우리가 벽 너머의 소리도 들을 수 있는 거야. 그에 비해 입자는 직진하는 성질이 있어서, 장애물을 만나면 더 이상 나아가지 못해. 그래서 뒤편에 그림자가 생기는 거야.

톰슨은 금속판을 바꾸고, 진공관 안 기체의 종류를 다양하게 해서

몇 번이고 실험을 했어. 그때마다 결과는 같았어.

톰슨은 음극선을 이루는 입자의 질량도 측정해 보았어.

그 질량은 엄청나게 작았어. 원자보다 훨씬!

톰슨은 음극선을 이루는 입자는

금속판이나 진공관 속 기체의 원자에서 나온 게 틀림없다고

생각했어.

훗날 이 입자를 '전자 electron'라고 불렀지.

> 돌턴은 '원자는 더 이상 쪼갤 수 없다'라고 하지 않았어? 그런데 원자 속에 전자가 있다는 건…….

맞아! 톰슨이 전자를 발견함으로써
"원자는 더 이상 쪼갤 수 없다"라는 돌턴의 주장이
틀린 것으로 증명된 거야!
하지만 **전자의 발견**은 원자론에 대한 부정이 아닌
원자에 대한 관심으로 나아갔어.
도대체 원자 안이 어떻게 되어 있기에 전자가 튀어나오는지
혹시 원자 안에 또 다른 입자는 없는지
돌턴의 주장처럼 원자는 종류에 따라 크기, 무게 등이 다르고
화학 변화를 통해 결합되거나 분리되는지 등등
원자에 대한 궁금증이 폭발한 거야.

그러면서 원자의 모형을 추측하기 시작했어.

원자는 너무 작아서 볼 수 없으니

발견된 과학적 사실을 바탕으로 원자의 형태를 만들어 보려고 한 거야.

원자론을 주장한 돌턴의 원자 모양이 단단한 알갱이  형태였다면,

전자를 발견한 톰슨이 제시한 원자 모양은 '푸딩' 모양이었어.

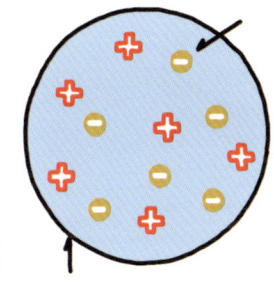

톰슨의 원자 모형

푸딩에 건포도, 자두와 같은 것이 박혀 있듯, 원자에 전자가 박혀 있는 모양이 톰슨의 원자 모형이야. 톰슨은 전자가 -전하를 띠기 때문에 원자 전체는 +전하를 띨 거라고 생각했어. +와 -는 서로 끌어당기고 -와 -, +와 +는 서로 밀어내잖아? 따라서 -전하를 띠는 전자로만 원자가 구성되면 전자는 서로를 밀어내 튕겨 나갈 수밖에 없어. 원자가 안정적으로 존재하기 위해서는 전자를 끌어당겨 잡아 둘 +전하가 있어야 한다고 생각한 거지. 그리고 전자가 박혀 있다고 표현해서 전자가 움직이지 못한다는 뜻은 아니야. 톰슨은 전자가 원자 안에서 움직인다고 생각했어.

그런데 10여 년 뒤인 1911년, 톰슨의 제자였던

어니스트 러더퍼드 Ernest Rutherford, 1871~1937년가 새로운 원자 모형을

제시해.

러더퍼드는 아래와 같은 실험을 했어.

헬륨 원자에서 전자를 제거한 '알파 입자'를 아주 얇은 금박을 향해 쏘는 거야.

알파 입자는 금박을 통과해 뒤편 스크린에 박혔지.

그런데 아주 가끔 알파 입자가 튕겨 나오는 현상을 발견했어!

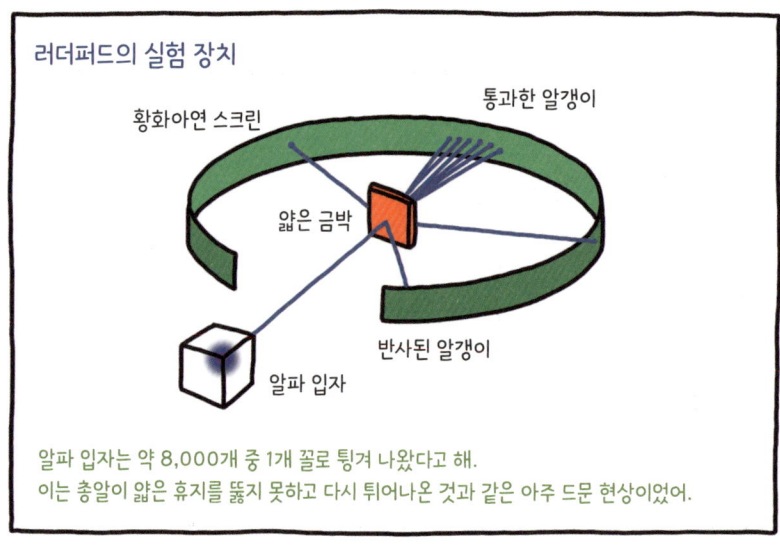

이를 본 러더퍼드는 원자 내에

엄청나게 크고 단단한 알갱이가 있는 게 아닐까 의심했어.

볼링공을 향해 공깃돌을 던진다고 생각해 봐.

공깃돌이 튕겨 나오겠지?

그건 볼링공이 공기돌보다 엄청나게 무겁기 때문이야.

그래서 러더퍼드는 원자 내에

알파 입자를 튕겨 낼 만큼 질량이 무거운 알갱이가 있다고

확신했어. 이 알갱이가 '원자핵nucleus'이야.

러더퍼드의 생각

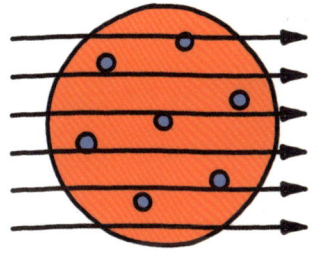

톰슨의 원자 모형일 때
알파 입자

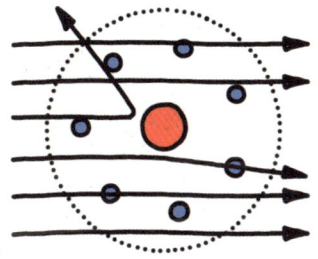

원자 안에 무겁고 단단한 알갱이가 있을 때
알파 입자

러더퍼드는 실험 결과를 충족할 수 있는 새로운 원자 모형을

만들어 냈어.

태양을 중심으로 행성들이 도는 것처럼

전자들은 가운데 원자핵 주위를 빠르게 돌고 있었지.

사실, 그림으로 그려진 러더퍼드의 원자 모형으로는
러더퍼드가 생각한 원자를 제대로 보여 주기 어려워.
러더퍼드는 원자가 커다란 축구장이라면
원자핵은 축구장 한가운데 놓인 축구공만 하고
전자는 그 축구장 안에 떠 있는 먼지만 하다고 했어.
원자 내부는 거의 '텅 빈 공간'이라고 생각한 거야.

러더퍼드의 원자 모형
1911년, 원자핵을 발견한 러더퍼드는 1920년에 원자핵 속에서 양성자를 발견했어.
그리고 1932년, 러더퍼드의 제자인 제임스 채드윅(James Chadwick 1891~1974년)이
중성자를 발견함으로 원자핵이 양성자와 중성자로 이루어졌음을 알게 됐지.
이로써 원자의 기본적인 구성 요소를 모두 알게 됐어.
전자를 발견한 지 약 35년만이었지.

러더퍼드의 이런 생각은 원자의 모양을 잘 설명해 주는 것 같았어.

하지만 러더퍼드의 설명대로라면 원자는 존재할 수가 없었어.

원자가 존재할 수 없다면, 이 세상을 이루는 물질도 존재할 수 없고, 이 세상 역시 존재할 수 없겠지?

러더퍼드의 원자 모형에는 중대한 결함이 있었던 거야.

> 저 원자 모형은 책에서 많이 보던 건데……
> 저게 틀렸다는 말인가?

> Check it up 2) 인물

양자 역학의 아버지, 닐스 보어

보어는 러더퍼드의 제자였어. 러더퍼드의 원자 모형을 누구보다 잘 이해하고, 잘 이해하는 만큼 문제점도 잘 알고 있었지.
러더퍼드 원자 모형의 가장 큰 문제는 '전자 붕괴'였어.
러더퍼드 원자 모형에서 전자는 핵을 중심으로 원 운동을 하고 있어. 원 운동은 지속적으로 방향을 바꾸는 '가속 운동'이야.

ⓒWikimedia

닐스 보어
Niels Bohr, 1885~1962년
덴마크의 물리학자

가속 운동이란 속도나 방향이 변하는 운동을 말해.

맥스웰의 전자기 이론에 따르면

가속 운동을 하는 전하는 전자기장을 변화시키면서 에너지를 잃어.

이로써 원자핵을 도는 전자는 점점 에너지를 잃으면서

원자핵에 가까워지다 원자핵과 충돌할 수밖에 없지.

그러면 원자는 더 이상 안정적인 구조를 가질 수 없어 붕괴돼.

원자가 붕괴되면 이 세상 모든 물질

아니 이 세상 자체가 존재할 수 없어.

하지만 이 세상, 이 세상 모든 물질, 이 세상 모든 원자는

여전히 아무 문제없이 존재하고 있지.

그렇다면 러더퍼드의 원자 모형은 수정되어야만 했고,

보어는 그 방법을 찾으려 했어.

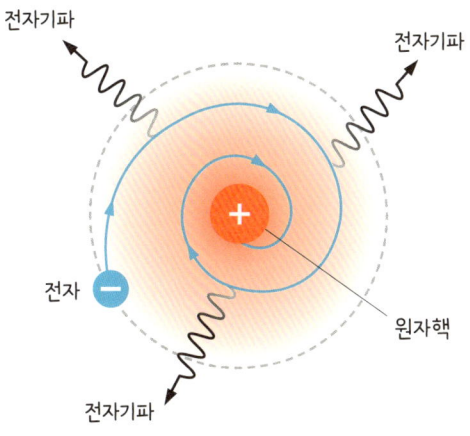

가속 운동을 하는 전자의 붕괴

가속 운동을 하는 전자는 에너지를 잃게 되고, 에너지를 잃은 전자의 궤도는 점점 + 전하인 원자핵과 가까워져. 그러다 결국 전자는 원자핵과 충돌하게 돼.

1913년, 보어는 두 가지 가설을 제시했어.

보어의 가설

첫째, 전자는 특정한 궤도에서만 원자핵을 돌 수 있고
그 궤도에서는 전자기파를 방출하지 않는다.

둘째, 전자가 한 궤도에서 다른 궤도로 건너뛸 때만
전자가 전자기파를 방출한다.

이 내용은 바로 앞에서 말한 맥스웰의 전자기학과 맞지 않는 말인데…….

맞아! 보어는 스승인 러더퍼드의 원자 모형이 옳다고 생각한 거야. 아니 이렇게 생각하지 않으면, 원자가 안정적으로 존재하는 이유를 설명할 방법이 없다고 판단한 거지.

그래서 보어는 맥스웰의 전자기학을 과감하게 버렸어.

아인슈타인이 시공간이 절대적이라고 생각한 뉴턴의 관점을 버린 것처럼!

보어는 원자 속에는 전자가 도는 궤도가 여러 개 있다고 생각했어.

전자는 이 궤도만을 돌며 존재할 수 있는데

이 궤도에서 저 궤도로 이동할 수도 있어.

그런데 궤도와 궤도 사이를 이동할 때는 전자가 점프한다고 했어.

이를 **양자 도약**Quantum Jump이라고 해.

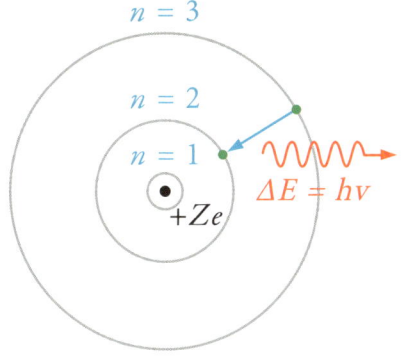

보어의 원자 모형과 전자의 궤도

보어는 자신의 원자 모형을 통해
전자가 원자핵에서 먼 궤도에서 가까운 궤도로
건너뛸 때 에너지를 방출하고,
반대의 경우에는 에너지를 흡수한다고 설명했어.
원자들을 태울 때 원자마다 고유의 선 스펙트럼이
나타나. 그런데 보어처럼 전자의 이동을
설명하면, 원자마다 고유의 선 스펙트럼이
나타나는 이유도 설명할 수 있었어.

러더퍼드의 원자 모형에서는 전자가
한 궤도만 도는데, 보어의 원자 모형에서는
전자가 궤도를 건너뛸 수 있는 거네!
그런데 건너뛰는 건 전자인데
왜 전자 도약이 아니라 양자 도약이야?

양자는 막스 플랑크 Max Karl Ernst Ludwig Planck, 1858~1947년가
제시한 개념이야.

1900년, 플랑크는 에너지가 아주 작은 알갱이로 되어 있다는 가설을
내놓았어. 에너지도 원자처럼 아주 작은 입자라는 거야.

그래서 에너지는 연속적인 값이 아니라
띄엄띄엄한 값만을 가질 수 있어.

예를 들어 에너지는 1, 2, 3, 4…… 와 같은 값만 가질 수 있고
1.1, 1.3, 1.45, 1.678과 같은 값은 가질 수 없다는 거지.

이런 **에너지의 최소 단위가 바로 '양자**quantum**'**야.

양자의 개념은 1905년,
아인슈타인이 광전 효과를 설명하면서 확고해졌어.

광전 효과란 금속판에 빛을 쏘면 금속의 전자가 튀어나오는
현상이야.

아인슈타인은 빛이 에너지 알갱이. 즉 양자로 이루어졌다고 했어.

이 빛의 에너지 알갱이를 광양자, 혹은 광자라고 했지.

아인슈타인은 광자가 일정한 조건 속에서
금속의 원자에서 전자를 떼어 내 광전 효과가 일어난다고 설명했어.

아인슈타인은 이 연구로 1922년, 노벨상을 받았어.

플랑크의 양자 개념과 아인슈타인의 광자의 발견은

보어의 원자 연구에 큰 도움이 됐어.

보어는 전자를 양자화된 입자로 보았어.

전자는 입자지만, 에너지의 최소 단위이기도 해서 양자처럼 된 거야.

또한 보어는 ==양자 혹은 양자화된 입자 사이에 적용되는 힘과 운동을==

==기존의 역학으로 설명할 수 없다==라는 걸 알게 됐어.

역학이란 물체 사이에 작용하는 힘과 운동의 관계를 연구하는

학문을 말해.

따라서 양자 혹은 양자화된 입자에 대한 새로운 역학이 필요했지!

그래서 '양자 역학'이 탄생하게 된 거야.

==양자 역학==이란 한마디로,

==양자 혹은 전자처럼 양자화된 입자, 혹은 양자화된 상태에서 작용하는==

==힘과 운동을 연구하는 학문==이야.

양자화된 전자는 양자 역학에 영향을 받기 때문에

원자 속 전자가 궤도를 건너뛰는

현상도 전자 도약이 아닌 양자

도약이라고 했던 거야.

아, 그래서 보어가
양자 역학의
아버지구나!

보어는 자신의 가설처럼 원자가 존재하거나 운동하는 상태를
'정상 상태'라고 했어.
원자 내의 전자가 보어가 말한 정상 상태로 존재할 수 있는 건
전자와 전자의 궤도가
양자화된 입자와 양자화된 상태이기 때문이야.
정상 상태는 양자와 양자화된 입자, 그리고 양자화된 상태의
존재 방식이고 운동 방식인 거지.

1924년, **루이 드 브로이**Louis de Broglie, 1892-1987년가
물질파 이론을 발표하며, 보어의 주장을 뒷받침했어.
물질파 이론이란 모든 물질은 입자와 파동,
두 가지의 성질을 동시에 가진다는 주장이야.
전자 역시 입자와 파동, 두 성질을 모두 갖는다는 거지.
그런데 전자가 파동이면, 보어의 가설을 설명할 수 있어.
파동은 특정하고 띄엄띄엄한 에너지만을 가질 수 있거든.
드 브로이가 이런 생각을 하게 된 건
아인슈타인 덕분이라고 해도 과언이 아니야.

==뉴턴은 빛은 입자라고 주장==했어.

빛이 그림자를 만드는 건 빛이 입자인 결정적인 근거였어.

프리즘을 통해 빛을 산란시키면 여러 색이 나오는 것은

각 색을 이루는 빛 입자의 운동 속도가 달라서라고 설명했지.

그런데 19세기 초, =='빛은 파동'이라는 실험 결과==가 나왔어.

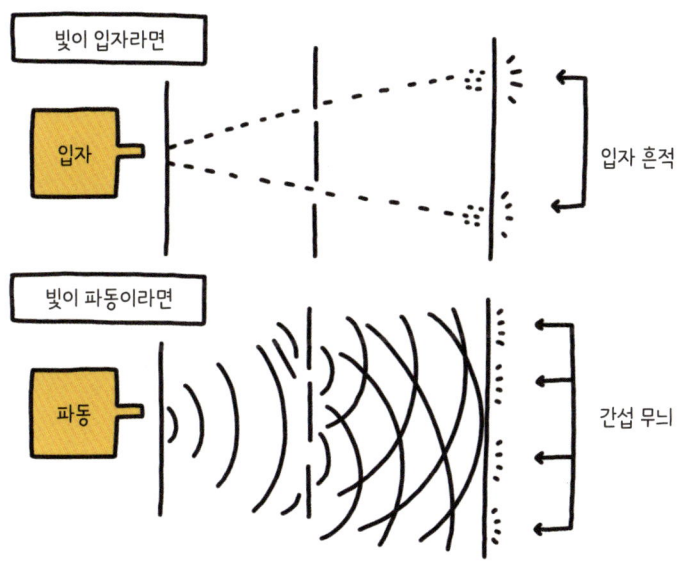

1801년, 토머스 영 Thomas Young, 1773~1829년**의 이중 슬릿**Double-Slit **실험**

슬릿은 틈을 말해. 이중 슬릿은 틈이 두 개인 거지. 구멍이 1개인 첫 번째 슬릿으로 들어온 빛은 구멍이 두 개인 두 번째 슬릿을 통과해 벽에 무늬를 만들어. 빛이 입자면 벽에 2줄이 생겼을 텐데, 간섭 무늬가 나타났어. 간섭 무늬란 호수에 두 개의 돌을 던졌을 때 나타나는 파동이 합쳐지는 것과 같은 모양이야. 간섭 무늬는 빛이 파동인 주요한 근거가 됐지.

그래서 빛은 파동이라는 데 무게가 쏠렸지.

하지만 1905년, 광전 효과를 설명하면서 아인슈타인은

빛이 입자이면서도 파동적인 성질을 가지고 있다는 걸 밝혔어.

이를 **빛의 이중성**이라고 해.

빛의 입자가 파동적인 성질까지 가질 수 있는 건

빛 입자가 양자이기 때문이야.

그래서 빛 입자를 광자라고 부른 거지.

맞아! 드 브로이는 전자가 광자처럼

입자와 파동, 두 성질을 모두 가진다고 주장한 거야.

전자가 입자의 성질을 갖는 건, 톰슨이 전자를 발견하는 과정에서

설명했어.

그럼 전자가 갖는 파동의 성질은 무엇일까?

파동 하면 소리가 퍼져 나갈 때나 연못에 돌멩이를 던질 때처럼

동그랗게 원 모양을 만들며 퍼져 나가는 모양을 생각하기 쉬워.

하지만 파동은 줄이 흔들리는 것처럼 퍼져 나가기도 해.

또 양끝을 고정시키면 제자리에서 진동하기도 하지.

이런 파동을 정상파라고 하는데

기타나 바이올린과 같은 현악기는 이 정상파를 이용해 만들어.

줄의 길이와 파장 등에 일정한 비율이 성립될 때 특정한 음을 내거든.

드 브로이는 이에 힌트를 얻어 전자의 파동을 설명했어.

전자의 파동

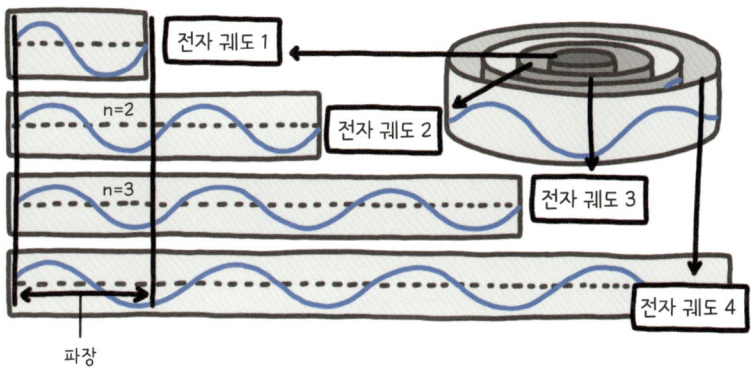

전자의 파동은 정상파의 처음과 끝을 이어 놓은 것과 같다는 거야.

하나의 원자 속의 모든 궤도는 같은 모양의 파동을 가지고 있는데

궤도에 따라 파장 수가 달라져.

바깥쪽으로 갈수록 파장의 수가 늘어나는 거야.

그리고 원자의 종류마다 파동의 모양이 달라서

물질이 고유한 성질을 가질 수 있다는 거지.

그런데 3년 뒤인 1927년, 전자의 이중성이 실험으로 증명됐어.
영의 이중 슬릿과 똑같은 장치에서
빛 대신 전자를 쏘았더니, 전자 역시 간섭 무늬를 만들어 낸 거야!
이로써 전자 역시 빛과 같이
입자적 성질과 파동적 성질을 동시에 갖는다는 것,
즉 이중성을 갖는다는 것을 의심할 수 없게 됐지.
드 브로이의 이론이 보어의 원자 모형을 든든하게 뒷받침한 거야.

그리고 1925년, 보어의 제자였던
베르젠 하이젠베르크 Werner Karl Heisenberg, 1901~1976년는 '행렬 역학'으로
이듬해 에르빈 슈뢰딩거 Erwin Schrödinger, 1887~1961년는 '파동 방정식'으로
보어의 원자 모형을 수학적으로 서술하는 데 성공했어!
이로써 양자 역학이 하나의 이론으로 형성될 수 있었어.
하지만 양자 역학은 너무나 어렵고 난해했어.
보어조차 양자 역학에 대해 이렇게 말했을 정도야!

> 양자 역학을 보고도 제정신인 사람은
> 양자 역학을 제대로 이해하지 못한 사람이다.

> Check it up 3) 기술

양자 역학과 반도체

아무리 성능 좋은 현미경이라도 원자 속을 들여다볼 수는 없어.

양자의 세계가 너무나 작기 때문이야.

그래서 양자 사이에 작용하는 힘과 운동은

간접적으로 유추하고 상상할 수밖에 없어.

그래서 양자 역학이 어렵고 난해하게 느껴지는 거야.

우리가 한 번도 보지 못한 것에 대해

생각하고 유추하고 그려 내야 하니까!

그럼에도 과학자들은 양자 역학으로 원자 내부를 이해해 나갔어.

그리고 그 이해를 바탕으로 오늘날의 현대 문명을 만들었어.

양자 역학으로 현대 문명의 바탕인 '전자 공학'의 시대를 연 거야.

전자 공학은 원자 속에 있는 전자의 움직임을 이해해서 통제할 수 있는 기술을 만들어.

한마디로 양자 역학을 이용한 학문이지.

그리고 전자 공학의 핵심에는 **반도체**가 있어.

이 세상의 모든 물질은 전기가 잘 통하는 '**도체**',

반대로 전기가 통하지 않는 '**부도체**'가 있어.

반도체는 도체와 부도체의 성질을 모두 갖는 물질이지.

도체와 부도체, 반도체는 왜 이런 성질을 가질까?

한 개의 원자 속에는 몇 개의 전자가 있어.

보어의 원자 모형에서 전자는 특정한 궤도를 따라 돈다고 했지?

그리고 각 궤도는 특정한 에너지를 갖는 양자화된 상태라고 했어.

이때 궤도마다 존재하는 특정한 에너지를

에너지 준위 Energy Level 라고 해.

원자 하나에는 에너지 준위가 몇 개 있을 뿐이지만

원자를 많이 모아 놓으면 전자는 물론 에너지 준위도 많아져.

그에 따라 에너지 준위와 준위 사이의 간격이 촘촘해지지.

에너지 준위가 촘촘하게 배열될수록 전자가 이동하기는 쉽겠지?

원자가 많이 모여 있을수록 에너지 준위가 아주 촘촘해지면서 일종의 띠를 이뤄. 이를 에너지띠라고 해.

가장 바깥쪽 에너지띠를 전도대, 그 아래 에너지띠들은 가전자대라고 하지.

그리고 에너지띠 사이를 에너지 틈 혹은 에너지 간격이라고 해.

전자는 가전자대부터 채워 나가면서 전도대로 건너뛰어.

그런데 전도대까지의 에너지 틈이 넓으면 전자가 이동하기 어려워.

전기가 통하기가 어려운 거야. 이런 물질이 바로 부도체야.

반대로 전도대와 가전자대 사이 틈이 좁거나 아예 없으면 전자가 이동하기 쉽겠지? 이런 물질이 도체야.

반도체는 그 중간이고.

부도체와 반도체, 도체

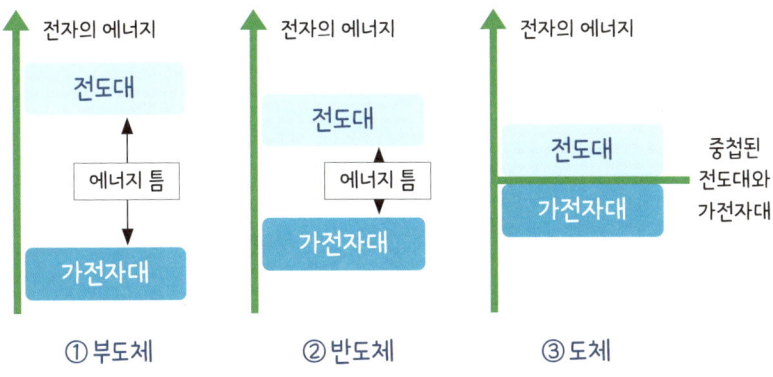

도체는 전선 등 전기를 흐르게 하는 데 쓰고
부도체는 전선을 감싸는 등의 용도로 쓸 수 있어.
그런데 반도체는 어디에 쓸까?
처음에 반도체는 쓸모없는 물질이라고 생각했어.
그런데 반도체에 약간의 불순물을 첨가하면
반도체에서 전자의 흐름을 조절할 수 있다는 사실을 알아냈어.
즉 원할 때만 전류를 흐르게 할 수 있다는 걸 알게 된 거야!
이렇게 만들어진 발명품이 바로
1941년, 독일의 지멘스가 개발한 다이오드야.
1947년, 미국의 벨연구소는 반도체를 이용해 트랜지스터도 발명했어.
트랜지스터는 다이오드의 스위치 역할을 할 수 있을 뿐만 아니라
작은 신호를 크게 증폭시킬 수 있었어.
아주 약한 전자의 흐름으로 생겨난 신호를 크게 키울 수 있는 거야.

트랜지스터 발명의 주역인
존 바딘 John Bardeen, 1908~1991년 (왼쪽),
윌리엄 쇼클리 William Bradford Shockley, 1910~1989년 (가운데),
월터 브래튼 Walter Houser Brattain, 1902~1987년 (오른쪽) 이야.

ⓒ wikipedia

1957년에는 수많은 다이오드와 트랜지스터를 연결시켜

복잡한 기능을 하게 만든 칩이 개발됐어.

이 칩이 바로 **집적 회로**IC칩야.

양자 역학이 없었다면 다이오드와 트랜지스터, 집적 회로는

만들어 낼 수 없었을 거야!

그랬다면 텔레비전이나 냉장고와 같은 가전 제품은 물론

컴퓨터와 스마트폰과 같은 최첨단 전자 기기

자동차와 비행기, 더 나아가 우주선에 이르기까지

오늘날 우리가 쓰고 있는 거의 모든 것들을

만들어 낼 수 없었을 거야.

로봇, 자율주행 자동차와 같은 미래를 기대하게 만드는 발명품들

역시 꿈도 꿀 수 없었을 거고.

그러니 양자 역학이 현대 문명을 만들었다는 말은 과언이 아니지?

2006년, 인텔이 제조한 CPU ⓒ wikipedia

다양한 전자 기기 속 IC칩
IC칩은 전자 기기뿐만 아니라, 신용 카드, 자동차의 스마트 키 등에도 널리 쓰여. 컴퓨터의 중앙 처리 장치인 CPU 역시 IC칩이야. 아주 크고 복잡한 반도체인 거지.

MRI자기 공명 영상, Magnetic Resonance Imaging**와 같은 의학 기기도 양자 역학의 원리를 이용**한 발명품이야.
우리 몸에 강력한 자기장을 가하면
우리 몸속 수소 원자핵의 양성자가 특정한 방향으로 정렬돼.
이는 수소 원자의 양성자가
스핀Spin이라는 고유한 양자 역학적 성질을 가졌기 때문이지.

양자 역학은 또한 **신소재와 나노 기술을 개발**하는 데도 이용돼.
대표적인 예가 **초전도체**Superconductor **연구**야.
초전도체란 특정한 온도 이하에서 전기 저항이 완전히 사라지는 물질이야.
그래서 초전도체를 사용하면 전기 손실 없이 전류를 흐르게 하고 강력한 자기장을 형성할 수도 있지.
이런 초전도체가 존재할 수 있는 것 역시 양자 역학적 효과 때문이야.
양자 역학의 세계에서는 일정 온도 이하에서는 전자가 하나씩 이동하지 않고 쌍으로 이동하는 현상을 발견했거든.
문제는 아주 극저온에서만 초전도 현상이 일어난다는 건데
이 점을 극복하면 전기 사용 걱정이 없어질 뿐 아니라

자기 부상 열차와 같은 최첨단 이동 수단도 만들 수 있을 거야.

'태양광 발전' 역시 양자 역학을 이용해.
태양광 발전의 이론적 배경은 아이슈타인의 '광전 효과'야.
태양 빛, 즉 광자가 금속판의 전자를 튀어나오게 하고
그 전자가 전기를 만들어 낸다는 아인슈타인의 이론을 바탕으로
태양광 발전 기술을 만들어 낸 거니까.
현재 지구의 에너지와 환경 문제를 해결하는 데
태양광 발전만큼 중요한 기술이 또 있을까?
양자 역학은 에너지와 환경 분야에서도 중요하게 쓰이고 있는 거야.

이밖에도 양자 역학은 핵물리학과 천체 물리학
생명공학과 신약 개발에도 널리 이용되고 있어.

양자 역학은 양자혁명이라고 불릴 정도로 발전하고 있어.
양자혁명을 이끌 기술이 무엇인지 알아보자!
그리고 아인슈타인이 죽을 때까지
양자 역학을 인정하지 않았다고 하는데
사실인지 살펴보자.
그러면 고대 그리스의 과학 철학자들로부터
아인슈타인과 보어와 같은 현대 과학자들이 이뤄낸 성취의 비밀과
그 성취 위에서 우리가 찾아야 할 답을 깨달을 수 있을 거야.

NEXT LEVEL

거인들이 남긴 유산

솔베이 회의

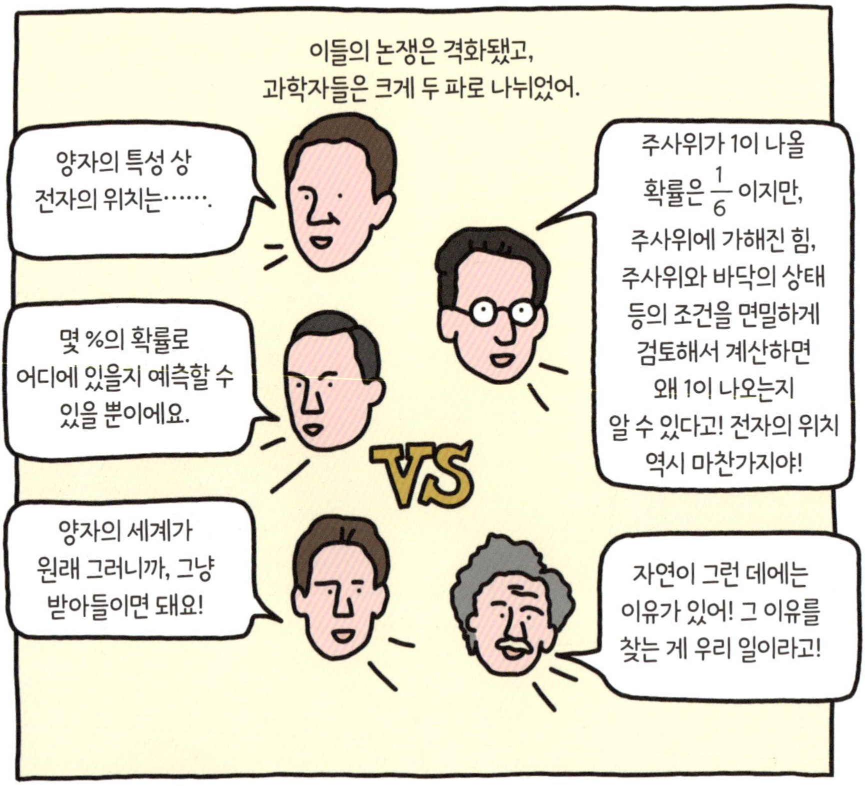

Check it up 1 　기술

양자혁명과 양자 컴퓨터

양자 역학은 등장하자마자

현대의 과학과 기술, 더 나아가 철학에까지 영향을 미쳤어.

이 영향이 무지무지하게 커서,

그 크기와 충격을 강조하기 위해

'양자혁명'이라는 말이 등장했을 정도야.

철학적 측면에서의 영향은 나중에 이야기하기로 하고

여기서는 양자 역학이

현대과학과 기술에 미친 영향을 설명할게.

양자 역학이 과학과 기술에 큰 영향을 미친 건

크게 두 시기로 나눌 수 있어.

첫 번째 시기는

막스 플랑크가 양자의 개념을 처음 제시했던 1900년부터

양자 역학의 이론적, 수학적 토대가 성립된 1930년까지야.

이때는 만들어진 양자 역학 이론 덕분에

반도체를 만들고 다이오드, 트렌지스터, IC칩을 발명할 수 있었어.

오늘날과 같은 전자 공학의 시대가 탄생할 수 있었던 거야.

핵무기 개발은 물론, 원자력 발전 역시

양자 역학의 이론적 토대로부터 만들어질 수 있었고

레이저, LED처럼 빛을 이용한 기술 역시

양자 역학을 기반으로 발달할 수 있었어.

두 번째 시기는 1990년대 들어서면서

많은 과학자가 양자 역학을 이용한 새로운 기술 개발에 뛰어들며

시작돼.

1990년대 들어서면서 개인용 컴퓨터PC, Personal Computer가
'개인용'이라는 말답게 집집마다 보급되기 시작해.
쉽고 빠르게 접속할 수 있는 인터넷 네트워크도 개발됐지.
월드 와이드 웹www, world wide web이 만들어진 거야.
덕분에 누구나 사진과 그래픽, 음성과 동영상을
편리한 방법으로 전송하고 검색할 수 있게 됐지.
소수 전문가들만 쓰던 인터넷을 우리 모두가 쓸 수 있게 된 거야.
그러자 과학자들은 더 빠르게 전송할 수 있는 네트워크 시스템,
더 많은 용량을 저장하고 더 빠르게 연산할 수 있는 컴퓨터를
만들 방법을 찾기 시작했어.

ⓒ wikipedia

1990년대 컴퓨터와 인터넷

1990년대, 컴퓨터와 인터넷은 정말 신기하고 놀라운 도구였어. 이때는 전화선을 이용해 인터넷에 연결했어. 오늘날의 USB와 같은 용도로 쓰던 플로피 디스크는 용량이 Mb메가바이트 단위였지. 요즘 사진 한 장도 몇 백 Mb인데, 사진 한 장조차 담기 어려운 용량이었어. 지금 이런 인터넷과 장치를 쓰라면 정말 답답할걸!

2007년에는 스마트폰이 세상에 나왔어.
스마트폰은 한마디로 들고 다니는 PC야.
사람들 모두가 PC를 갖고 다니는 세상이 되자
정보의 양이 엄청나게 늘어났어.
쓸모 있는 정보를 찾는 데 시간이 많이 걸리게 된 거지.
따라서 정보를 찾는 시간을 줄여야 했어.
더 빠른 컴퓨터, 더 빠른 인터넷에 대한 연구의 필요성은 더욱
커졌고.

사회적으로도 컴퓨터와 인터넷이 중요해졌어.
사람들은 컴퓨터와 인터넷을 이용해 쇼핑을 하고
은행 업무를 보고 주식을 사고팔기 시작했어.
기업도, 정부도 컴퓨터와 인터넷을 이용해
자신들이 가진 정보와 자금을 관리하지.
이로 인해 빠른 컴퓨터와 인터넷뿐만 아니라
보다 안전하게 사용할 수 있는 컴퓨터와 인터넷의 필요성도 커졌어.
이에 따라 새로운 개념의 컴퓨터와 통신 방법을 연구하는
과학자들이 생겨났지.
그래서 관심을 갖게 된 것이 **양자 컴퓨터와 양자 정보 통신**이야.

양자 컴퓨터는 어떤 컴퓨터일까?

일단 양자 컴퓨터와 우리가 현재 널리 쓰고 있는 컴퓨터를 비교해 볼게.

우리가 쓰는 컴퓨터로 미로 찾기를 하면,

컴퓨터는 아래와 같은 단계를 거쳐 목적지를 찾아내.

컴퓨터의 미로 찾기

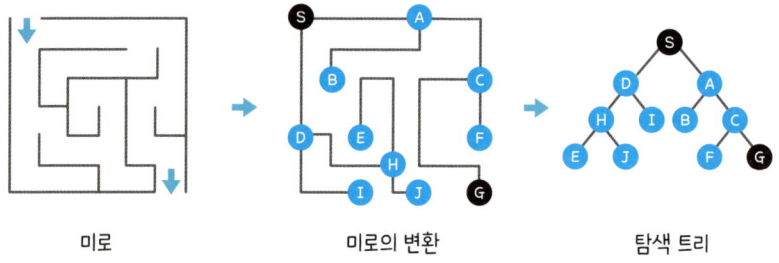

미로 　　　　미로의 변환 　　　　탐색 트리

시작점부터 만날 수 있는 갈림길은 A, B, C……가 있지?

시작점에서 이 갈림길을 거쳐 목적지까지 가려면

맨 오른쪽과 같은 나무 모양의 탐색 트리를 만들 수 있어.

컴퓨터는 모든 탐색 트리를 한 번에 하나씩 탐색한 뒤, 목적지를 찾아내지.

컴퓨터는 한 번에 하나의 정보만 처리할 수 있거든.

하지만 **양자 컴퓨터**는 한 번에 여러 길을 탐색할 수 있어.

즉, **한 번에 여러 정보를 처리**할 수 있는 거야.

이를 **병렬 연산**이라고 해.

이런 차이가 일어나는 이유는 컴퓨터와 양자 컴퓨터의
데이터 기본 단위가 다르기 때문이야.
컴퓨터 데이터의 기본 단위인 비트bit, Binary digit는
정보의 상태를 0과 1, 두 가지로만 나타낼 수 있어.
하지만 양자 컴퓨터 데이터의 기본 단위인 큐비트qubit, quantum bit는
0과 1의 상태를 동시에 가질 수 있어.
덕분에 0과 1 상태를 동시에 처리할 수 있지.

컴퓨터와 양자 컴퓨터의 정보 처리 비교

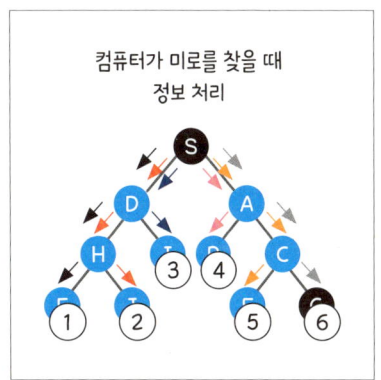
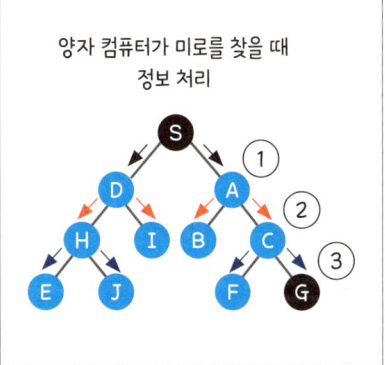

이는 ==양자 중첩== 때문이야.

==전자와 같은 양자는 두 가지 상태가 동시에 존재==하고 있어.

테이블 위에 동전을 세로로 세운 뒤 손가락을 튕겨 봐.

동전이 한자리에서 빙빙 돌잖아?

이때 동전의 앞면과 뒷면이 동시에 존재하는 것처럼 보이지?

전자와 같은 양자도 그런 상태인 거야.

두 가지 상태가 동시에 존재하니까,

두 가지 정보 처리를 동시에 할 수 있어.

그러면 그만큼 정보 처리 속도를 줄일 수 있지.

앞의 4단짜리 탐색 트리에서조차

정보 처리 수가 6회에서 3회, 반으로 줄었잖아?

그러면 정보 처리 시간도 반으로 줄일 수 있겠지?

양자 컴퓨터의 정보 처리 속도를 높이는 데는

==양자 얽힘==이라는 원리도 이용돼.

양자 얽힘이란 ==두 개의 양자가 서로 멀리 떨어져 있어도==

==서로 연결되어 있어, 한쪽에 미친 영향이 다른 한쪽에도==

==즉각적으로 전달==되는 현상이야.

큐비트를 이 양자 얽힘을 이용해 만든다고 생각해 볼까?

얽혀 있는 두 큐비트는 각각 정보 처리를 하며 그 결과를 교환해.

그러면 중복된 정보 처리가 일어나지 않을 거야.

또 한쪽에서 찾아낸 정보의 영향으로

처리하지 말아야 하거나 먼저 처리해야 할 사항을 알 수 있어서

정보를 보다 효율적으로 처리할 수 있어.

그러니 정보 처리가 더욱 빨라질 수밖에 없겠지?

양자 얽힘을 이용한 정보 탐색

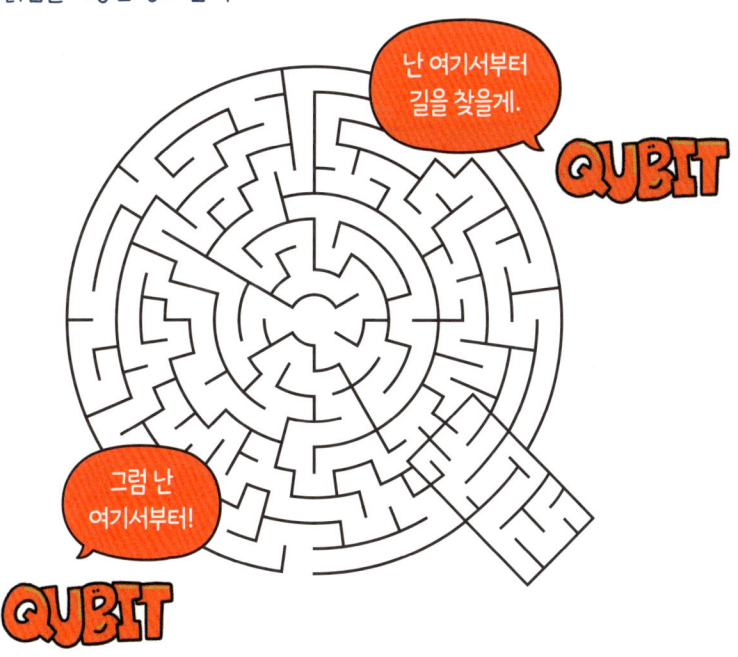

덕분에 양자 컴퓨터는 우리가 지금 쓰는 컴퓨터와 비교할 수 없이 빠르게 정보를 처리할 수 있어.

사실 지금의 컴퓨터와 인터넷 속도로도

우리가 컴퓨터나 인터넷을 쓰는 데는 문제가 없어.

하지만 더 빠른 정보 처리 속도가 필요한 분야가 많아.

대표적인 분야가 인공지능AI, Artificial Intelligence이야.

인공지능을 개발하고 학습시키려면

컴퓨터가 엄청나게 많은 정보 처리를 해야 하니까.

양자 컴퓨터는 이런 일에 최적화되어 있는 컴퓨터야.

이런 양자 컴퓨터와 인공지능이 만나면,

정말 혁명적 변화가 생길 수 있어.

예를 들어 신약이나 치료제를 개발할 때 시간이 걸리는

가장 큰 이유는 단백질 구조를 파악하는 거야.

이를 위해 인공지능을 이용하고 있는데, 그 인공지능과

양자 컴퓨터가 결합하면 단백질 구조 파악이 훨씬 빨라질 거야.

기억난다! 《생명공학》편에서 단백질 구조를 찾거나 만드는 인공지능을 개발한 사람들이 노벨상을 받았다고 했지? 그런 인공지능과 양자 컴퓨터가 만나면, 신약이든 치료제든 지금보다 훨씬 빨리 개발해 수많은 이의 목숨을 살릴 수 있다는 거네!

2024년 12월, 구글Google이 선보인 양자 컴퓨터
이 컴퓨터는 세상에서 가장 빠른 슈퍼컴퓨터가 우주 역사보다 긴 시간인
10셉틸리언 년(10의 24제곱 년) 걸려야 풀 수 있는 문제를 단 5분 안에 풀었다고 해.
양자 컴퓨터의 이러한 연산 속도는 암호를 찾아내는 데도 유리하고,
내비게이션의 길찾기처럼 최적의 경로를 찾는 데에도 적용하면 좋겠지?
어떤 사람은 빠르면 5년 내에 양자 컴퓨터가 널리 사용될 거라고 전망해.
하지만 30년 이상 기다려야 한다고 전망하는 사람들도 있지.

양자 컴퓨터뿐만 아니라

양자 정보 통신 분야에 대한 연구도 활발하게 진행되고 있어.

양자 얽힘으로 엄청나게 빠르면서도 해킹 걱정 없이

정보를 주고받을 수 있는 점을 이용하려는 거야.

이런 양자 컴퓨터, 양자 정보 통신 등과 관련된 기술이 점점

발전하면서

양자혁명이라는 말이 더 자주 사용되고 있어.

Check it up 2 | 인물
알베르트 아인슈타인

1927년, 제5차 솔베이 회의 이후

양자 역학은 우리 문명을 이끌어가는 과학 이론이 되었어.

노벨상이 이를 여실히 보여 주었지.

20세기 초중반에 보어, 하이젠베르크, 파인만 등의

양자 역학 연구자들이 노벨상을 받았어.

21세기 들어서도 양자 역학 연구자들이 노벨상을 받았지.

2022년에는 알랭 아스페Alain Aspect, 1947년~ 등 3명이

양자 얽힘 현상을 실험적으로 증명한 공로로

노벨 물리학상을 받았어.

2023년의 노벨 물리학상도 양자 역학 연구자들에게 돌아갔어.

피에르 아고스티니 Pierre Agostini, 1941년~ 등 3명이
아토 Atto초 파장의 빛을 발생시켜 물질 속 전자의 움직임을
연구한 공로를 인정받아 노벨상을 받은 거야.
아토초는 1초의 10억분의 1초를 다시 10억 번 나눈 시간 단위야.
즉 100경분의 1초지.

그런데 한 가지 기억해야 할 사실이 있어.
아인슈타인이 죽을 때까지 양자 역학을
인정하지 않았다고들 하는데
사실 아인슈타인은 양자 역학을 인정하지 않았던 게 아니라
양자 역학에 대한 코펜하겐 학파의 해석,
즉 코펜하겐 해석을 인정하지 않았다고
보는 게 정확해!

아인슈타인은 양자 역학의 기본 원리를 인정했어.

빛 에너지의 양자인 광자를 발견한 사람이 다름 아닌
아인슈타인이었어.

드 브로이가 전자가 광자처럼 '입자와 파동의 이중성'을 갖는다는
'물질파' 이론을 발표했을 때

아인슈타인은 드 브로이와 물질파 이론을 세상에 널리 알렸어.

슈뢰딩거가 양자 역학을 수학적으로 설명한 파동 방정식을
발표했을 때, 그 진가를 첫눈에 알아본 사람도 아인슈타인이었지.

그런데 보어를 필두로 한 **코펜하겐 학파**는
양자의 상태는 측정 전까지 확정되지 않고 확률로만 표현할 수 있다고
주장했어.

앞에서 하이젠베르크가 '불확정성 원리'를 주장했다고 했지?

이 주장의 핵심은

'위치를 정확히 알려고 하면 운동량을 정확히 알 수 없고,
운동량을 정확히 알려고 하면 위치를 알 수 없다'라는 거야.

양자의 위치는 오직 확률적으로만 알 수 있고

양자가 어디로 어떻게 운동하는지, 즉 양자의 상태

역시 확률적으로만 알 수 있다는 거야.

코펜하겐 학파에 따르면 이 세상, 아니 적어도 양자의 세상은
빙글빙글 돌아가고 있는 동전이나 주사위와 같은 것이었지.
아인슈타인은 코펜하겐 학파의 해석에는 동의할 수 없었어.
아인슈타인은 코펜하겐 해석이
실제 세계에 대한 불완전한 해석일 뿐이고,
과학자들은 **더 올바른 해석을 향해 나아가야 한다고 믿었지**.
아직 왜 그렇게 되었는지도 모른 채 일단 확률을 사용하는 건,
우리의 과학과 기술이 부족하기 때문이라고 생각했어.
그래서 이렇게 말했다고 하지.

신은 주사위 놀이를 하지 않는다.

아인슈타인은 코펜하겐 학파의 주장을 비판하고
코펜하겐 학파의 주장이 잘못됐음을 입증하기 위해 노력했어.
그리고 한편으로는 양자의 세계인 미시 세계와
우리가 살고 있는 거시 세계 모두에 적용 가능한
새로운 이론을 찾으려 했어.

미시 세계는 양자 역학의 법칙이 적용되는 아주 작은 세계야.

그런데 그 법칙이 우리가 살고 있는 세계에는 적용되지 않아.

양자의 세계에서는 양자가 이 궤도에서 저 궤도로

순간적으로 이동하는 '양자 도약'이 일어나지만

우리가 사는 세상에서는 그런 일, 즉 순간 이동과 같은 일은

일어나지 않잖아?

반대로 우리가 사는 거시 세계의 물리 법칙은

양자의 세계인 미시 세계에 적용되지 않았어!

그랬다면 원자핵 주위를 돌던 양자는

원자핵으로 빨려 들어갔을 거야.

아인슈타인은 이 두 세계에 모두 적용될 수 있는,

우리가 모르는 물리 법칙이 있다고 생각했어.

이를 **통일장 이론**이라고 하는데

아인슈타인은 통일장 이론을 찾기 위한 연구에 몰두했어.

많은 사람이 몇 년 안에 새로운 이론이 발표될 거라고 생각했어.

10년, 아니 길어도 20년 안에 양자의 세계인 미시 세계와

우리가 사는 거시 세계를 아우를 수 있는

새로운 이론이 등장할 거라고 기대했지.

하지만 아인슈타인은 숨을 거둘 때까지 그런 이론을 찾지 못했어.

1955년, 아인슈타인은 세상을 떠났고

1960년대에 들어서는 코펜하겐 해석을 뒷받침하는

실험 결과들이 발표되었지.

코펜하겐 해석이 곧 양자 역학이라고 생각하는 사람들이 점점

늘어났어.

그리고 양자 역학은 계속 발전해

오늘날 양자 컴퓨터와 양자 정보 통신과 같은

새로운 양자 기술을 선보이고 있어.

이 상황을 본다면 아인슈타인은 뭐라고 말할까?

> Check it up 3 　철학

거인의 어깨

고대 그리스 철학자들은 이 세상의 본질이 무엇인지 세상이 무엇으로, 어떻게 이루어졌는지를 찾아내려고 했지. 그들의 노력은 '모든 학문의 아버지'라고 불리는 아리스토텔레스Aristoteles, 기원전 384-322년에 의해 집대성되었어. **아리스토텔레스는 세상을 천상계와 지상계로 구분하고 두 계에는 각각의 운동 법칙이 존재한다고 주장**했어. 이후 이어진 중세 1000년도 종교가 지배하는 시대였고, 종교적 관점에서 천상과 지상을 나누는 건 지극히 당연했지. 천상계와 지상계의 분리는 놀랍게도 장장 2000년 이상 지속된 생각이었지.

하지만 이 생각은 과학혁명이 일어나면서 금이 가기 시작해.
특히 **뉴턴의 만유인력의 법칙으로**
사람들은 **저 먼 우주에서부터 지금 내가 발 딛고 서 있는 이 땅까지 동일한 물리 법칙이 적용되고 있다**는 것을 깨달았어.
이런 과학적 깨달음을 통해 사람들은
우주가 수학적 조화로 구성된 예측 가능한 세계임을 알게 되었어.
더 이상 막연히 신께 기도하며 구원을 기다리는 것이 아니라
과학적 예측을 통해 우리 세계를 좀 더 발전시킬 수 있음을
확신할 수 있었지.

그리고 **모든 현상에는 원인과 결과가 있다고 생각**했어.
사과가 땅으로 떨어지는 현상에는 만유인력,
온 힘을 다해 뛰다가 갑자기 멈추기 어려운 현상에는 관성,
이처럼 모든 현상이 일어난 데에는 원인이 있고
현상은 그 원인의 결과라는 거야.
그래서 과학자들은 그 원인을 찾기 위해
현상을 관찰하고 연구했어.
현재 상태를 완벽하게 알면 원인을 찾아낼 수 있고
원인을 알면 미래의 결과를 정확히 예측할 수 있다고 생각했지.
이것은 아인슈타인의 세계관이기도 했어.

그런데 20세기 초반, 새로운 과학적 입장이 등장해.

그들은 '위치를 알면 정확한 운동량을 알 수 없고,

운동량을 알면 위치를 제대로 알 수 없다'라고 주장했어.

그래서 확률적으로만 알 수 있다고 했어!

또 모든 것은 관찰 전에 미리 결정되어 있는 게 아니라

우리가 관측할 때 비로소 결정된다고 했지.

==세상의 모든 현상은 정확한 수치로 표현할 수 있는 것이 아니라 확률로 표현할 수 있다==는 거야!

이런 세계관을 **확률론적 세계관**이라고 해.

이것이 양자 역학의 주류 연구자들인 코펜하겐 학파의

세계관이었어.

이들의 주장대로라면 미래를 정확히 예측할 수 없어.

오직 확률적으로만 예측할 수 있을 뿐이지.

그래서 어찌 보면 상태를 완벽하게 알고자 하는 노력보다

확률적으로 계산하는 것이 더 중요할 수 있었어.

제5차 솔베이 회의는 한마디로 아인슈타인을

중심으로 한 고전적 세계관과 코펜하겐 학파를

중심으로 한 새로운 확률론적 세계관의 충돌이었어.

그리고 현재는 그 충돌의 결과라고 볼 수 있어.

아인슈타인은 코펜하겐 학파가 주장하는
양자 역학의 문제점을 찾으려는 연구를 계속했고,
코펜하겐 학파는 자신의 주장을 입증하기 위한
연구와 실험을 게을리하지 않았지.
이후의 과학자들도 아인슈타인의 입장 혹은 코펜하겐 해석을
뒷받침하기 위한 연구와 실험 결과를 지속적으로 내놓았어.
또 한편의 과학자들은
양자 역학에 대한 새로운 해석을 내놓기도 했어.
우주가 끊임없이 여러 우주로 갈라진다는
다중 우주 혹은 평행 우주 이론,
우리가 사는 세상이 일종의 시뮬레이션이라는 이론이
양자 역학을 새롭게 해석하며 등장한 대표적인 아이디어야.

오늘날의 양자 역학은 이 모든 노력과 연구, 실험의 결과가 만든 거야.
주장과 그 주장에 대한 비판, 그 비판을 불식시키기 위한 노력
그리고 새로운 아이디어의 추가로
과학이 오늘날처럼 발전할 수 있었던 거지.

1675년, 뉴턴은 동료에게 보낸 편지에 이렇게 썼어.

> 내가 더 멀리 볼 수 있었다면,
> 그것은 거인들의 어깨 위에 서 있었기 때문이다.

자신이 이룬 과학적 성취는 혼자만의 노력으로 이뤄진 것이 아닌

이전 과학자들의 연구와 노력의 바탕에서 비롯된 것이라는 말이야.

아인슈타인 역시 그 이전 과학자들의 어깨 위에 서 있었고,

보어를 비롯한 코펜하겐 학파 역시

뉴턴은 물론 막스 플랑크, 아인슈타인과 같은

거인의 어깨에 서 있었지.

그리고 지금 우리는 이 모든 거인들의 어깨 위에 서 있어.

그 어깨 위에 선 우리는 더 멀리 볼 수 있을까?

우리가 더 멀리 볼 수 있으려면 어떻게 해야 할까?

지금은 이 질문에 대한 답을 찾아야 할 때가 아닐까 싶어.

Another Round

우리는 Next Level!

이 책을 보고 과학혁명과 현대과학에 어떤 시각을 갖게 됐는지
그래픽 오거나이저 Graphic Organizer로 표현해 보자!

우리 역사에서 가장 중요하다고 생각하는 발견이나 발명, 혹은 과학적 사건을 3개만 꼽아 봐!

각 과학 이론이 어떤 과학 혹은 기술의 발전에 영향을 미쳤는지 정리해 봐.

아래 과학자들을 보는 순간 떠오르는 단어나 이미지를 써 봐.

뉴턴

맥스웰

아인슈타인

보어

과학혁명과 현대과학

글 남영·최향숙 그림 젠틀멜로우

초판 1쇄 펴낸 날 2025년 7월 10일
기획 CASA LIBRO **편집장** 한해숙 **편집** 신경아 **디자인** 최성수, 이이환
마케팅 박영준 **홍보** 정보영 **경영지원** 김효순
펴낸이 조은희 **펴낸곳** ㈜한솔수북 **출판등록** 제2013-000276호
주소 03996 서울시 마포구 월드컵로 96 영훈빌딩 5층
전화 02-2001-5822(편집), 02-2001-5828(영업) **전송** 02-2060-0108
전자우편 isoobook@eduhansol.co.kr **블로그** blog.naver.com/hsoobook
인스타그램 soobook2 **페이스북** soobook2
ISBN 979-11-94439-29-5, 979-11-93494-29-5(세트)

어린이제품안전특별법에 의한 제품 표시
품명 도서 | 사용연령 만 7세 이상 | 제조국 대한민국 | 제조사명 ㈜한솔수북 | 제조년월 2025년 7월

ⓒ 2025 남영·최향숙·젠틀멜로우·CASA LIBRO

※저작권법으로 보호받는 저작물이므로 저작권자의 서면 동의 없이
다른 곳에 옮겨 싣거나 베껴 쓸 수 없으며 전산장치에 저장할 수 없습니다.
※값은 뒤표지에 있습니다.

한솔수북의 모든 책은
아이의 눈, 엄마의 마음으로 만듭니다.

큐알 코드를 찍어서
독자 참여 신청을 하시면
선물을 보내 드립니다.

야무진 10대를 위한 미래 가이드
넥스트 레벨은 계속됩니다.

❶ 인공지능
조성배·최향숙 지음

❷ 메타버스
원종우·최향숙 지음

❸ 우주 탐사
이정모·최향숙 지음

❹ 자율 주행
서승우·최향숙 지음

❺ 로봇
한재권·최향숙 지음

❻ 기후위기와 에너지
곽지혜·최향숙 지음

❼ 팬데믹과 백신 전쟁
김응빈·최향숙 지음

❽ 생명공학
김무웅·최향숙 지음

❾ 뇌과학
홍석준·최향숙 지음

❿ 과학혁명과 현대과학
남영·최향숙 지음